하나님의 시작,
거룩한 백성

예수빌리지 구약 ❶ 어린이 설교집
하나님의 시작, 거룩한 백성

발행일 2023년 1월 25일
지은이 김친수
발행인 고종율
펴낸곳 (사)파이디온선교회
등록 2013년 9월 12일 제 2013-000163호
주소 서울특별시 서초구 서초대로 141-25(방배동, 세일빌딩)
전화 마케팅실 070) 4018-4040
팩스 마케팅실 02) 6919-2381

값 22,000원
ISBN 979-11-6307-431-1 04230
      979-11-6307-430-4 (세트)
ⓒ 2023 파이디온선교회 All rights reserved.

예수빌리지 구약 ❶
어린이 설교집

창세기 · 출애굽기 · 레위기

하나님의 시작, 거룩한 백성

김친수 지음

다음세대를 하나님의 말씀 위에
파이디온선교회

추천사

김친수 목사님이 파이디온선교회에서 발행한 주일 공과, '예수빌리지'의 커리큘럼을 따른 첫 번째 설교집을 냈습니다. 이 책은 아주 특별한 어린이 설교집입니다.

이 책이 특별한 이유는,
첫째, 창세기부터 요한계시록까지를 다루는 '예수빌리지' 공과에 맞춘 설교집이기 때문입니다.
둘째, 어린이들이 구속사적인 관점에서 성경을 이어가도록 이끌어주는 설교집이기 때문입니다.
셋째, 그동안 어린이 설교에서 다루지 않던 율법서의 레위기를 다루었고, 앞으로 나올 책들을 통해 선지서 등을 다룰 것이기 때문입니다.
그리고 넷째, 특별히 'Storytelling 설교 방법'으로 구성되었기 때문입니다.

저는 다음세대 설교자들이 이 책을 통해 제대로 된 설교를 경험하게 될 것을 확인했습니다. 지금 우리 교회는 말씀이 없기 때문이 아니라, 말씀을 받지 않아 기근에 시달리고 있습니다. 어려운 시대를 살아가는 우리의 다음세대도 홍수처럼 넘쳐나는 교육 방법과 내용 속에서 바른 진리를 경험하지 못하는 경우가 허다합니다. 많은 사역자들도 설교 방법이나 도구에 치우쳐, 정작 말씀이 제대로 전해지지 않는 설교를 하는 경우가 많습니다. 그래서 더 좋은 다음세대 설교집이 필요합니다. 김친수 목사님의 이 설교집은 설교 때문에 혼란은 겪는 사역자들에게 좋은 모범이 되어줄 것입니다.
나아가 설교집 뒷부분에 있는 'Stroytelling 설교 방법'은 이야기 설교의 핵심을 보여줄 것입니다. 그래서 다음세대 사역자들에게 이 책을 책장에 보관하며 필요할 때마다 꺼내볼 것을 권합니다.

김친수 목사님은 파이디온에서 20년 가까이 어린이 사역을 책임지며 헌신하고 있습니다. 그리고 그사이 기독교 교육과 설교학을 공부하였고, 더 준비된 사역자로 자신을 다음세대를 위해 드리고 있습니다. 긴 시간 축적된 목사님의 사역 경험과 학문적 성취를 녹여낸 이 책이 여러 동역자에게 커다란 힘이 될 것을 알기에, 기쁜 마음으로 추천합니다.

— 고종율, 파이디온선교회/도서출판 디모데 대표

오늘날 한국교회는 위기입니다. 그 위기의 중심에 주일학교와 다음세대가 있다는 것도 주지의 사실입니다. 기독교 역사를 통해 우리는 교회의 위기와 회복의 본질은 결국 '강단'이라는 교훈을 얻었습니다.

그러나 장년 설교에 비해 주일학교 설교에 대한 논의가 턱없이 부족한 것이 오늘의 안타까운 현실입니다. 주일학교 현장 사역자들은 바르고 효과적인 주일학교 설교에 대한 지침들을 간곡히 요청하고 있습니다.

이 책은 어린이 설교의 바람직한 방향과 모델을 제시하고 있습니다. 저자는 이미 이 시대에 적실한 어린이 설교의 이론을 제시하였고, 이 책에서도 그 핵심을 설명하였습니다. 그것은 'PLOT 설교', 'PLOT의 구조를 가진 설교', '내러티브 설교' 또는 '내러티브 방법을 활용한 설교' 등으로 표현되어 있습니다. 특별히 이 책은 그 이론에 근거한 설교 샘플을 중심으로 구성되어 있습니다.

사실 신설교학의 핵심 내용인 '내러티브 설교'의 유익과 한계에 대한 다양한 설교신학적 논의가 계속되어 왔습니다. 이 책은 내러티브 설교에 있어서 보완해야 할 부분으로 제기되어 왔던 본문에 대한 언급과 적용에 대해 명쾌한 방향을 제시해 주고 있습니다. 저자는 자신의 방법론을 '내러티브 강해 설교'로 규정하고 있습니다.

추천자는 먼저 '내러티브 강해 설교'에 대한 이론적 이해와 설교관의 정립이 사역자들에게 필요하다고 생각합니다. 이어서 이 책에 제시된 다양한 샘플의 도움을 받는다면 어린이 설교에 대한 새로운 지평이 열릴 것이고, 설교를 실행하면서 놀라운 능력을 경험하게 되리라 확신합니다.

— 김창훈, 총신대학교 신학대학원 설교학 교수

차례

추천사 4

서문 8

PART I **PLOT 설교의 4단계** 11

PART II **창세기**

1. 창세기 1:26-28_가장 특별한 창조물인 하나님의 형상 37
2. 창세기 3:1-5_죄로 인해 무엇이 달라졌을까? 43
3. 창세기 4:1-7_가인의 죄가 일으킨 무서운 범죄 사건 49
4. 창세기 6:5-9_하나님의 구원 판결문 55
5. 창세기 9:11-13_다시 주어진 하나님의 명령 61
6. 창세기 11:1-5_누가 가장 높은지 알고 있니? 67
7. 창세기 18:1-7_하나님의 약속은 반드시 이루어진다! 73
8. 창세기 22:1-8_믿음으로 시험을 통과해! 79
9. 창세기 28:11-15_내가 너와 함께할 거야! 85
10. 창세기 31:1-3_하나님의 약속이 이루어진 야곱의 인생 91
11. 창세기 39:1-4_하나님은 어떤 순간에도 함께하셔! 97
12. 창세기 41:8-9_하나님의 계획이 있어! 103

PART III 출애굽기 · 레위기

13. 출애굽기 1:8-10_기억하시고 반드시 이루시는 하나님 **111**

14. 출애굽기 3:1-6_하나님의 사람은 준비되고 있어요 **117**

15. 출애굽기 5:1-3_유일하신 하나님 **123**

16. 출애굽기 14:5-8_놀라운 능력으로 인도하고 계세요 **129**

17. 출애굽기 19:1-8_거룩한 백성으로! **135**

18. 출애굽기 25:8-9_하나님과 만나는 곳이 필요해요 **141**

19. 레위기 19:2_죄를 어떻게 해결하지? **147**

절기

20. 마태복음 26:36-39_왜 고난당하셨을까? **155**

21. 마태복음 28:1-2_리얼 부활 **161**

서문

성인 설교와 어린이 설교 모두 하나님 말씀의 본래 의미를 선포한다는 점에서는 동일하다. 그러나 어린이 설교는 그 전달 방법이 좀 더 전략적이어야 한다. 이러한 점에서 나는 어린이들의 상상력과 집중력을 설교의 마지막까지 유지하기 위한 방법으로 내러티브가 효과적이라고 생각한다. 그것은 내러티브가 가진 PLOT 구조 때문이다. 몇 해 전 출판한 『어린이 설교, 어린이가 좋아하는 내러티브 강해』(파이디온선교회, 2020)에서 어린이 설교에 대한 이론과 함께 내러티브가 가진 PLOT에 대해서 다루었다면, 이 책에서는 그 이론에 따른 '어린이 설교'를 담았다. 내러티브 방법, 즉 PLOT[1] 구조를 활용한 PLOT 설교의 예를 담았다.

이 책에서는 먼저 PLOT 설교가 무엇인지, 또 PLOT 구조의 각 단계에서 염두에 두어야 할 기본적인 내용과 함께 실례를 들어 각 단계를 어떻게 구성해야 하는지를 설명했다. 아울러 각 단계별로 제시된 예를 통해 대략적인 설교 준비 과정도 볼 수 있도록 했다. 이 과정을 따라 한다면 분명 도움이 될 것이다. 또한 이어서 제시된 총 21편의 PLOT 설교를 통해, PLOT 설교의 각 단계가 어떻게 기능하는지를 볼 수 있도록 했다.

이 책에 담긴 21편의 설교는 파이디온선교회에서 출판한 주일 공과 '예수빌리지'[2] 구약 1의 본문과 포인트를 따랐다. 그러다 보니 파이디온선교회에서 유료 회원[3]에게 제공하는 설교 원고와 크게 차이가 나지 않을 수 있다. 다만 내가 제안한 PLOT 설교라는 틀에서 설교를 구성했다. 설교의 성경 이야기 그림은 '예수빌리지'의 유료 회원인 경우, 파이디온선교회에서 제공하는 PPT 자료를 내려받아 사용할 수 있다. 따라서 '예수빌리지' 회원은 이 책에 담긴 설교의 성경 이야기 그림을 구할 수 있다. 설교의 첫 번째 단계에서 사용한 예화나 이야기와 관련된 그림은 별도의 도입 PPT로 제공하며, 저작권 때문에 제공하지 못하는 것들은 따로 안내를 해두었다. 이 점은 양해를 구한다. 이 설교의 첫 번째 단계 PPT는 각 설교의 시작 부분에 있는 큐알 코드를 통해 내려받을 수 있다.

나는 주일학교에서 이 책에 실은 동일한 설교로 설교한 후에, 곧바로 '예수빌리지' 공과로 분반 모임을 진행했다. 약 20분 동안 진행되는 공과를 통해 어린이들의 삶에 설교의 적용이 이루어지도록 교재를 활용했기 때문에, 이 책에 담긴 설교에는 적용이 많지 않다. 이 점도 참고하기 바란다.

이 책에 담긴 설교가 어린이 설교자들이 어린이 설교를 구성하는 데, 작은 보탬이 되길 기도한다.

오직 하나님의 은혜!

---

1 나는 이전 책 『어린이 설교, 어린이가 좋아하는 내러티브 강해』(파이디온선교회, 2020)에서 내러티브 설교는 PLOT 구조를 가진 설교이며, 나는 PLOT의 각각의 글자를 따서 진행하는 내러티브 설교 방법론, 즉 PLOT 설교를 제안했다.
2 파이디온선교회에서 출판한 '예수빌리지'는 구약부터 신약까지 연대기순으로 구성된 주일공과이다. 각 과별로 전하려고 하는 핵심 메시지인 포인트를 제시하고 있으며, 이 책에 담긴 설교는 그 포인트에 따라 구성되었다.
3 파이디온선교회는 '예수빌리지' 유료 회원에게 설교 원고(PDF)와 그 원고에 따른 시각 자료(PPT)를 제공한다.

PART I
PLOT 설교의 4단계

플롯 라이트(PLOT LIGHT)

- 플롯 라이트의 전구는 본문의 빅 아이디어를 선포함으로 진리의 빛을 비춘다는 것을 의미한다. 또한 전구에서 나오는 4개의 빛은 4단계의 내러티브 설교 방법론을 의미한다.
- 이 책에서 플롯 라이트는 전구 안의 글자와 강조되는 빛의 색에 따라 PLOT 설교의 각 단계를 보여준다.

하나님의 시작,
거룩한 백성

　나는 어린이들이 좋아하는 이야기 형식을 활용한 내러티브 설교가 어린이에게 효과적이라고 믿는다. 표현이 달라도, 모든 내러티브는 기승전결로 이어지는 비슷한 구조를 가지고 있다. 이 구조의 유무와 구성 방식에 따라 동일한 이야기라 할지라도 청중들의 반응은 차이가 날 수밖에 없다. 설교도 마찬가지다. 똑같은 내용이라 하더라도 구성과 전달하는 방법에 따라 청중들의 반응은 달라진다. 특별히 어린이들의 경우, 그들의 발달 단계 특성상 한 번에 집중할 수 있는 시간의 한계로 인해 어린이 설교자는 설교 구성에 더 많은 관심과 노력을 기울여야 한다.

　나는 'PLOT 설교'라는 내러티브 설교 방법론을 제안한 바 있다. 어린이 설교를 할 때 PLOT이라는 내러티브 구조를 사용하자는 뜻이다. 나는 이 영어 단어의 머리글자를 따서, 다음과 같이 설교의 4단계를 구성했다.

1단계 **Picture**

2단계 **Leap**

3단계 **Observe**

4단계 **Touch**

　PLOT 설교의 4단계의 의미와 주의해야 할 몇 가지 요소를 살펴보자.

1단계
Picture - 주의 집중

PLOT 설교의 첫 번째 단계는 Picture다. 설교의 첫 부분은 어린이들에게 느껴지고 만져지도록 생생해야 한다. 마치 설교자가 어린이들의 눈앞에 그림을 그리듯이 Picture를 그려주어야 한다. 이 단계의 목표는, 한마디로 어린이들의 이목을 설교에 집중시키는 것이다. 유진 로우리(Eugene L. Lowry)는 주일에 듣게 될 설교의 주제에 대한 성도들의 관심과 열정은 일주일 내내 성경을 연구하고 고민한 사역자와 같지 않다고 지적한다. 그것은 비단 성인 청중들에게만 해당되는 것이 아니라, 어린이들도 마찬가지다. 비록 성인들이 경험하는 사회의 규모와 다를 수는 있지만, 어린이들에게도 사회는 존재한다. 어린이들도 그들이 속한 사회에서 갈등을 겪고 기쁨도 얻는다. 학교에서 공부하고, 친구들과 놀고, 때로는 게임을 하며 바쁘게 일주일을 보낸다. 설교자가 일주일 동안 심각하게 고민하며 준비한 설교가 그들에게는 전혀 심각하지도, 큰 의미가 없을 수도 있다. 그들은 그런 것들에 아예 관심이 없을 수도 있다. 그들은 때로 예배 시간에 자신과 친한 친구가 왜 예배에 참석하지 않았는지를 더 궁금해하고, 예배 후에 하게 될 특별 행사에 마음을 빼앗기기도 한다. 즉, 그들은 설교를 들을 준비가 전혀 되어 있지 않은 채 예배에 참석할 수 있다. 그들의 머릿속은 일주일간의 기쁨과 아쉬움을 대변하는 온갖 그림들로 가득 차 있을 수 있다. 그런 그들을 설교의 주제로 끌어당기려면, 설교의 시작은 재미있고 창의적이어야 한다. 그리고 그들의 시선을 사로잡았을 때, 설교자는 그날의 설교가 왜 중요하고 그것이 그들에게 어떤 의미가 있는지 보여주어야 한다.

그래서 설교자는 설교의 첫 번째 단계인 Picture 단계에서 한 주간 어린이들의 머릿속을 가득 채우고 있던 그림을, 설교자가 제시하는 방향으로 이끌기 위한 그림으로 바꿔주어야 한다. 이 단계에서 기억해야 할 몇 가지 원리가 있다.

1. 시선을 사로잡을 '그림'으로 시작하라.
2. 설명하려 하지 말고, 이야기하라.
3. 이야기를 PLOT하라.

1. 시선을 사로잡을 '그림'으로 시작하라.
설교의 첫 단계에서는 어린이들의 이목을 한 번에 집중시킬 수 있어야 한다. 재미있는 이야기를 들려줄 때에도, 그 이야기와 관련 있는 그림이나 실물을 먼저 보여줌으로써 설교를 시작하는 것이 효과적이다. 먼저 그림이나 실물을 보여주며 어린이들을 그림에 집중시키고, 그 후에 이야기를 들려주는 것이다. 또는 설교자가 분장을 하고 등장하거나, 교사나 어린이 가운데 한 명을 강단으로 초대하는 것도 좋은 방법이다. 즉, '그림'으로 시작하라는 것은, 꼭 그림을 1장 보여주라는 뜻이 아니다. 아이들의 주의를 집중시킬 수 있는 '그림'으로 설교를 시작해야 한다는 것을 뜻한다.

간혹 설교의 첫 단계에서 설교자가 전하려고 하는 설교의 핵심, 즉 결과를 미리 말해주는 설교자가 있다. 그런데 이 단계에서 설교의 핵심을 말해주는 것은 어린이들의 상상력을 가로막고 집중력을 떨어뜨리는 원인이 된다. 예를 들어, 우리가 영화를 본다고 생각해 보자. 영화가 시작되자마자 자막이나 배우가 등장해서 곧 나타나게 될 주인공들 간의 갈등이나 사건이 어떻게 해결되는지를 설명한다면, 영화에 대한 기대감이나 상상력이 사그라들고 말 것이다. 대부분의 영화는 시작 부분에서 영화에 등장하는 인물들을 보여준다. 그들의 가족, 친구, 직업 등을 묘사한다. 그 후 인물들 사이에서 사건이나 갈등이 발생하고, 그 이야기가 영화 전체를 이끌어간다. 그리고 그 갈등은 영화의 마지막 부분에 가서야 해결된다. 어린이 설교도 이처럼 진행되어야 한다. 설교의 첫 단계에서 설교의 결론을 말하거나, 결론을 예측할 수 있는 것으로 설교를 시작하는 일은 피해야 한다. 어린이들이 마지막까지 흥미를 유지한 채 설교를 들을 수 있도록, 미리 결론을 말하기보다는 흥미를 유발할 수 있는 이야기로 설교를 시작해야 한다.

예를 들어, 요한복음 20장 25-28절 말씀으로 '예수님의 부활을 의심하지 말고 믿어야 한다'는 포인트[4]를 전하는 설교를 한다고 가정해 보자. 첫 단계에서 어린이들에게 어떻게 그림을 그려주며 설교를 시작할 수 있을까? 먼저 이렇게 시작할 수 있을 것이다.

> "오늘 우리가 읽은 말씀은 예수님의 부활을 의심한 도마의 이야기예요. 우리는 예수님의 부활을 의심하지 말고 믿어야 해요. 우리 함께 예수님의 부활 이야기를 살펴볼게요."

이와 같은 접근은, 설교의 첫 단계에서 이미 설교의 결론이 무엇인지 알려주고 진행하는 것이다. 어린이들은 본문의 내용이 도마의 이야기이며, 도마와 같이 예수님의 부활을 의심하지 말고 믿어야 한다는 결론을 이미 들었다. 이러한 접근은 어린이들의 호기심과 상상력을 제한하기 때문에, 어린이들을 설교의 마지막까지 이끌고가기 어렵다.

하지만 이 설교의 첫 단계를 왕이 사용했던 '은수저'에 대한 이야

---

[4] 강해 설교에서 본문의 핵심을 빅 아이디어 혹은 메인 아이디어라고 한다면, 여기에서 말하는 포인트는 설교자가 전하고자 하는 한 문장으로 정리된 설교의 핵심을 말한다.

기로 시작하면 어떨까? 옛날에는 누군가의 목숨을 빼앗으려고 할 때, 상대적으로 구하기 쉬운 '비소'라는 독약을 음식에 넣어 독살하곤 했다. 그래서 독살이 염려될 경우, 은수저를 사용해 음식에 독이 들었는지를 확인했다. '은'은 빠른 시간에 비소와 화학 반응을 일으켜 색깔이 변하는 특징이 있기 때문이다. 그래서 왕이 음식을 먹기 전에 은수저로 한번 휘저어보고, 은수저의 색깔이 변하는지를 확인했다. 왜 은수저를 사용했는가? 음식에 독이 있는 건 아닌지 확인하기 위함이었다. 즉, 그것은 '의심' 때문이다. 사람은 누구나 의심을 갖고 있다. 인터넷의 정보에 대해서, 사람들 사이에서 떠도는 이야기들에 대해서 의심한다. 그런 사람들의 의심은 예수님의 부활까지 이어질 수 있다. 즉, '은수저'에서 시작한 그림은 '의심'이라는 개념을 거쳐 '예수님의 부활'에 대한 의심으로 연결되는 것이다. 지금 예로 든 것을 정리하면 다음과 같은 흐름이 된다.

> "여러분, 왕이 은수저를 사용한 것은 의심 때문이었어요. 그런데 사람은 누구나 의심을 해요. 그리고 예수님의 부활에 대해서도 의심할 수 있어요. 많은 사람들이 의심하는 예수님의 부활에 대해 우리는 어떻게 생각해야 할까요? 이 질문에 대한 답을 오늘 말씀을 통해 살펴볼게요."

은수저 ➡ 의심 ➡ 사람은 누구나 의심한다 ➡ '예수님의 부활'도 의심한다.

"우리는 예수님의 부활을 믿어야 해요. 오늘 말씀을 통해서 우리가 기억해야 할 진리가 무엇인지 살펴볼게요"라고 말하면서 설교의 핵심을 한번에 보여주는 것보다, '은수저'를 보여주며 왕이 왜 은수저를 사용했었는지에 대해 이야기한다면, 좀 더 아이들의 이목을 집중시키면서 설교를 시작할 수 있지 않을까?

은수저에서 끌어오려는 핵심 단어는 '의심'이고, 사람들은 누구나 의심을 한다는 것이 이 단계에서의 그림이다. 설교의 첫 번째 단계에서는 설교자가 전하려고 하는 빅 아이디어와 반대되는 이야기나 그림, 그리고 어린이들이 들어보지 못했을 흥미로운 이야기를 마치 그림을 그리듯 시작하는 것이 좋다.

2. 설명하려 하지 말고, 이야기하라.
Picture 단계에서는 어린이들에게 무엇을 설명하기보다, 이야기를 직접 들려주는 것이 효과적이다. 예를 들어 이렇게 설교를 시작한다고 가정해 보자.

> "여러분, 혹시 '새옹지마'라는 사자성어를 들어본 적이 있나요? 새옹지마는 한자인데, 변방 새(塞), 늙은이 옹(翁), 갈 지(之), 말 마(馬)라는 네 개의 단어가 합쳐진 말이에요. 이 사자성어는 우리의 삶에 변화가 많아서 앞으로 일어날 일을 예측하기 어렵다는 뜻이에요. 이 사자성어가 어떻게 만들어졌는지 지금부터 이야기해 줄게요."

이렇게 설교를 시작했다면, 이어서 새옹지마라는 사자성어의 유래에 대해서 설명할 것이고, 그 이야기로부터 추출한 어떤 개념을 설교와 연결시킬 것이다. 그런데 이렇게 개념을 설명하는 것보다, 다음과 같이 곧바로 이야기 자체를 들려주면 어떨까?

> "중국 변방에 한 노인이 살고 있었어요. 이 노인에게는 말이 한 필 있었어요. 어느 날, 이 말이 도망을 쳤어요. 사람들은 노인을 위로했어요. 하지만 노인은 '이 일이 좋은 일이 될지 누가 알겠소?'라고 말했어요. 말이 도망갔으니까 누가 봐도 나쁜 일이 일어난 거 같은데, 노인은

다르게 생각했어요. 여러분이 만약 이 노인이라면 어떨 거 같나요?"

어린이 설교는 어떤 이야기가 끝날 때 그 이야기를 정리해 주는 것이 필요하다. 어차피 이야기의 결론 부분에서 설교의 핵심과 연결시키기 위해 개념을 정리해 주어야 하기 때문에 곧바로 이야기를 시작하는 것이 좋다. 어린이들의 집중력은 한순간에 흐트러질 수 있다는 것을 항상 기억해야 한다.

3. 이야기를 PLOT하라.

한 편의 설교도 전체적으로 PLOT 구조를 가져야 하지만, 어린이들의 시선을 사로잡아야 하는 Picture 단계 안에서도 PLOT이 필요하다. 즉, 어린이들의 주의를 집중시키기 위한 '이야기'도 PLOT 구조를 가져야 한다. 이야기의 배경과 상황이 제시되고, 그 안에서 흥미를 유발하는 갈등이 제시되며, 그 갈등이 해결되는 구조를 가져야 한다. 단순한 시간의 나열이 아닌 어린이들의 상상력을 자극할 수 있도록 이야기를 구조화해야 한다. 즉, 설교의 첫 번째 단계도 더 조직적으로 PLOT 구조를 만들어야 한다. 어린이들이 긴장을 유지한 채 설교에 집중할 수 있는 이야기 구조를 만들라. 이야기를 펼쳐나가는 데 사용하는 단어 하나, 그 이야기를 흥미롭게 만들 수 있는 요소 하나, 그리고 그 이야기를 담아내는 목소리 하나까지 세심하게 구성하는 것이 필요하다.

2단계
Leap - 질문

두 번째 Leap 단계에서는 설교자가 전하고자 하는 설교 핵심으로 어린이들의 집중력을 끌어와야 한다. 첫 번째 단계에서 두 번째 단계로의 도약(Leap)이 있어야 하는데, 그것은 설교의 핵심 질문을 통해 가능하다. 설교자가 1단계를 통해 어린이들의 주의를 집중시켰다면, 이야기가 정리되는 시점에서는, 그 이야기를 그들의 삶으로 연결시켜 주는 질문을 던져야 한다. 여기까지의 과정을 다음과 같이 설명할 수 있다.

> 어린이들의 머릿속 **그림** ➡ 설교자가 의도한 질문
> 설교자의 **그림**(Picture)을 통해

두 개의 그림이 있다. 예배가 시작되기 전에 어린이들의 머릿속에 있던 그림과, 설교 초반에 Picture 단계를 통해 설교자가 어린이들에게 그려준 그림이 그것이다. 만약 설교가 끝났을 때, 어린이들의 머릿속에 첫 번째 그림만 남아 있다면 어떻게 생각할 수 있을까? 설교의 도입이 제대로 이루어지지 않았다고 말할 수 있을 것이다. 혹은 두 번째 그림만 남아 있다면 어떨까? 재미있는 이야기, 감동적인 이야기만 어린이들의 머릿속에 남고, 어린이들이 그 이야기에 사로잡혀 정작 들어야 할 하나님의 말씀을 듣지 못했다고 생각할 수 있을 것이다. 결국 설교의 도입은 어린이들의 머릿속에 있던 그림을 지우고, 설교자가 의도한 질문이 남도록 기능해야 한다. 그리고 이어지는 두 번째 단계에서는 설교자가 의도하는 질문으로 도약해야 한다. 설교자의 이

야기에 쏙 빠져서 두 번째 단계까지 왔을 때, 어린이들은 그 이야기가 자신의 이야기라고 느껴야 한다. 설교자가 도입에서 그려준 그림이 질문을 통해 자연스럽게 어린이들 각자의 삶의 그림으로 연결되어야 한다. 이 단계에서 기억해야 할 몇 가지 원리가 있다.

1. 귀납적으로 접근하라.
2. Picture의 핵심 개념과 Leap의 질문을 일치시키라.
3. 삶과 연결되게 질문하라.
4. 성경에 답이 있음을 알려주라.

1. 귀납적으로 접근하라.

귀납적으로 접근하라는 말은 개별적인 것에서부터 시작해 보편적인 것으로 접근하라는 것이다. 국립국어원의 표준국어대사전에서는 귀납을 이렇게 정의한다. "개별적인 특수한 사실이나 원리로부터 일반적이고 보편적인 명제 및 법칙을 유도해 내는 일." 즉, 두 번째 단계에서 귀납적으로 접근한다는 것은, 어떤 특정한 상황에서 일어난 상황이나 문제들이 실은 우리 모두의 문제라고 지적하는 것을 말한다. 어린이들이 설교자의 이야기를 재미있게 들은 후에 이야기 속에 나오는 문제가 모든 사람의 문제이기도 하고, 알고 보니 자신에게도 같은 문제가 있다는 것을 깨닫게 되는 것이다. 설교를 듣는 모든 어린이가 이와 같은 생각을 하게 해야 한다.

2. Picture의 핵심 개념과 Leap의 질문을 일치시키라.

설교의 첫 단계를 흥미로운 이야기로 시작했다면, 그 이야기의 핵심 개념은 설교자가 말하고자 하거나 해결하고자 하는 질문과 일치해야 한다. 첫 번째 단계에서 어린이들의 시선과 마음을 사로잡는 재미있는 이야기로 설교를 시작하지만 실제로는 그것이 설교의 핵심 개념과 일치하지 않는 경우를 종종 보게 된다. 또한 흥미로운 이야기를 사용하려다 보니 설교의 핵심 개념과 곧바로 연결되지 않는 경우도 있다. 그럴 경우 설교의 포인트와 연결시키기 위해서 여러 단계를 거치게 되며, 단계를 거치면 거칠수록 효과는 떨어질 수밖에 없다. 특히 어린이들의 특성상 단계가 복잡하면 핵심을 놓치기 쉽다. 따라서 Picture의 핵심 개념과 Leap의 질문은 직접적으로 연결되어 있어야 한다.

예를 들어, 여호수아 1장 1-9절 말씀으로 어린이들에게 설교를 한다고 생각해 보자. 본문은 하나님이 모세의 뒤를 이어 이스라엘의 지도자가 된 여호수아에게 이스라엘을 이끌고 요단강을 건너 가나안 땅에 들어가라고 말씀하시는 장면이다. 여호수아가 두려워하는 이유가 본문에 명확하게 나타나 있지는 않지만, 여호수아는 요단강을 건너 가나안 땅에 들어가는 것에 두려움을 느꼈다. 하나님이 여호수아에게 두려워하지 말라고 말씀하신 여호수아 1장 9절을 근거로 우리는 여호수아가 두려워했음을 알 수 있다. 설교자가 이 본문을 주해한 결과, 이 본문의 빅 아이디어를 "우리에게 찾아오는 두려움을 이길 수 있는 방법은 하나님이 나와 함께하심을 믿는 것이다"라고 정리했다고 하자. 그리고 "하나님이 나와 함께하심을 믿으라!"를 포인트로 정했다고 하자. 다양한 방식과 접근이 가능하겠지만, 가장 쉬운 Picture 단계의 접근 방법 가운데 하나는 핵심 개념을 '두려움'으로 정하고 시작하는 것이다. 여호수아가 두려워했고, 하나님은 그에게 두려워하지 말라고 말씀하셨기 때문이다. 설교자는 자신이 두려움을 느꼈던 경험이나, 또는 위인들의 일화 가운데 두려움과 맞닥뜨렸던 이야기를 들려줌으로써 설교를 시작할 수 있다. 분명한 것은 그 이야기의 핵심 개념이 두려움이어야 한다는 것이다. Picture 단계의 핵심 개념인 두려움으로 시작해, 모든 사람에게는 두려움이 있고, 그리스도인에게도 두려움이 있으며, 어린이들에게도 두려움이 있다는 것을 연결해 이야기함으로써, 마지막은 설교를 듣는 어린이들에게도 두려움이 있다는 것으로 이끌어가야 한다. 이야기의 흐름은 다음과 같다.

> Picture 단계의 핵심 개념 '두려움' ➡ 사람들은 누구나 두려워한다.
> ➡ 그리스도인들도 두려움을 느낀다. ➡ 여러분은 무엇이 두려운가?

그런데 만약 동일한 Picture 단계의 도입을 사용한 후, Leap 단계에서 이렇게 마무리했다면 어떨까?

"사람들은 누구나 두려워하는 것이 있어요. 그런데 오늘 말씀에는 그 두려움을 이겨낸 사람이 있어요. 그 사람의 이야기를 살펴볼게요."

이야기의 흐름은 다음과 같다.

> Picture 단계의 핵심 개념 '두려움' ➡ 사람들은 누구나 두려워한다.
> ➡ 오늘 본문에 그 두려움을 이겨낸 사람이 있다.
> 그 사람의 이야기를 살펴보자.

분명히 두려움이라는 동일한 개념으로 Picture 단계를 시작했지만, 두려움을 이겨낸 성경 인물이 본문에 나와 있음을 알려주며 그 인물을 살펴보자는 내용으로 Leap 단계를 정리했다. 그런데 이 경우에는 Picture 단계에서 이끌어온 '두려움'이라는 개념이 그들의 삶과 무슨 관계가 있는지에 대한 설명이 없다. 따라서 현재 청중의 입장에서는 이 설교를 꼭 들어야 할 이유가 없는 것이다. 게다가 두려움을 이겨낸 이야기를 살펴보자는 접근은 성경의 인물을 도덕적 교훈으로 삼으려고 한다는 점에서 해석학적 논쟁을 야기할 수도 있다. 기억해야 할 것은, Leap 단계에서는 설교의 도입에서 가져온 핵심 개념이 어떤 점에서 어린이들과 연결되는지를 설명해야 한다는 것이다.

3. 삶과 연결되게 질문하라.

설교자는 어린이들이 경험할 만한 상황을 예로 들면서 그런 상황에서 그들이 어떻게 할지를 질문함으로써, Picture 단계의 핵심 개념과 그들의 삶을 연결할 수 있다. 하지만 이것은 쉬운 문제가 아니다. 왜냐하면 설교자가 어린이들의 삶을 잘 알고 있어야 하기 때문이다. 설교자가 어린이들을 둘러싼 생활 환경, 그들이 경험하는 관계적 어려움, 매일 일어나는 갈등을 전반적으로 이해하고 있어야, 그들의 삶을 설교와 연결시켜 적절하게 질문할 수 있다. 앞서 예로 든 여호수아 1장과 연결해서 생각한다면, 이야기의 흐름은 다음과 같다.

> 사람은 누구나 두려워한다. ➡ 그리스도인들도 두려움을 느낀다.
> ➡ 여러분은 무엇이 두려운가?
> ➡ 우리에게 두려움이 찾아올 때, 우리는 어떻게 두려움을 이길 수 있을까?

이렇게 어린이들이 생각해 볼 수 있는 질문을 하는 것이다. 적절한 질문을 통해 그날의 설교가 어린이들과 관련 없는 것이 아니라, 그들이 꼭 알아야 할 진리임을 강조할 수 있다.

4. 성경에 답이 있음을 알려주라.

Picture 단계에서 의도한 핵심 개념이 어린이들의 삶에 연결되었다면, 삶의 문제를 어떻게 해결할 수 있을지 그 방법을 제시하는 것이 이 단계의 마지막에서 해야 할 일이다. 어린이들이 경험하는 삶의 문제에 대한 해답이 성경에 있음을 알려주고, 본문을 탐구함으로 질문에 대한 답을 얻을 수 있다는 희망을 주어야 한다.

Leap 단계는 설교문에서의 분량은 적지만, 설교를 준비하는 과정에서는 가장 어렵고 시간이 많이 걸리는 단계이다. 왜냐하면 설교의 빅 아이디어와 어린이들의 삶을 연결하기 위해서 어린이들의 삶을 알기 위한 책을 읽거나, 자료를 찾거나 하는 익숙하지 않은 작업들을 해야 하기 때문이다. 하지만 어린이들의 삶에 대한 이해를 기초로 Leap 단계가 준비된다면, 어린이들이 그날의 설교를 자신의 것으로 받아들여, 자신의 삶에 비추어 생각해 보는 것이 가능하게 된다.

3단계
Observe - 성경 이야기

세 번째 단계인 Observe 단계는 성경 이야기를 어린이들에게 그려주는 단계이다. 어린이 설교의 본문 대부분은 성경 인물이나 특별한 사건을 포함한다. 그러다 보니 본문에 담긴 인물 묘사나 사건에 대한 설명만으로도 성경 이야기 시간을 충분히 채울 수 있다. 이와 같은 이유로 어린이 설교자 가운데 몇몇은 어린이 설교의 목적을 '성경 이야기 자체를 재미있게 들려주는 것'이라고 생각하기도 한다. 그리고 그런 생각을 가진 설교자들은 '이야기의 의미'보다 '이야기 자체'를 전달하는 것에 집중한다. 그러나 우리는 성경이 다양한 문학 양식을 포함하고 있다는 것을 기억해야 한다. 특별히 구약의 내러티브는 표면적으로 등장하는 한 개인의 이야기일 뿐 아니라, 이스라엘이라는 공동체의 상황을 설명하기도 하며, 나아가서는 전 인류의 문제와 그 문제에 대한 해결책까지 포함하기도 한다. 따라서 설교자가 표면적으로 드러난 특정 인물이나 사건만 다룬다면 그 이야기가 지닌 본래 의미를 놓칠 가능성이 높다. 그러므로 설교자는 본문의 원래 의미를 파악하기 위해서 공부해야 한다. 이는 어린이 설교도 다르지 않다! 설교자는 반드시 본문에 담긴 정확한 의미를 파악하고, 본문의 빅 아이디어를 발견하여 그것을 전해야 한다. 성경 이야기를 정리하는 이 단계에서 기억해야 할 몇 가지 원리가 있다.

1. 세 개의 장면으로 구성하라.
2. 설교의 빅 아이디어와 관련된 내용만 다루라.
3. 어려운 용어와 개념은 충분히 설명하라.

1. 세 개의 장면으로 구성하라.

성경 이야기를 너무 많은 장면으로 구성한다면 자칫 어린이들의 집중력을 저하시킬 수 있다. 반대로 너무 적은 장면으로 구성한다면 이야기가 단조로워 보일 수 있다. 이러한 이유로 세 개의 장면으로 구성하는 것이 적절하다. 성경 이야기 본문을 세 개의 장면으로 구성할 때, 첫 번째 장면에서는 등장인물이나 당시의 상황과 배경을 설명한다. 본격적으로 등장인물 간의 갈등이나 사건이 시작되기 전에 그것과 관련된 인물과 상황 등을 설명해 주는 것이 첫 번째 장면이다. 두 번째 장면에서는 갈등이 일어나는 상황에 대해 묘사한다. 왜 그런 갈등이 생길 수밖에 없었는지, 그 일이 일어난 이유에 대해서 묘사하는 것이다. 그리고 마지막 세 번째 장면에서는 극적으로 갈등이 해소되는 상황을 묘사한 후, 그 본문을 통해 하나님이 우리에게 말씀하시는 것이 무엇인지에 대해 요약하고 정리한다.

> 장면 1. 등장인물 소개와 배경
> 장면 2. 갈등이 일어나는 상황 혹은 사건 묘사
> 장면 3. 갈등의 해결과 요약

앞서 예로 들었던 여호수아 1장은 다음과 같이 세 개의 장면으로 구성할 수 있다.

> 장면 1. 이스라엘의 지도자가 된 여호수아
> - 40년 동안의 광야 방황
> - 모세의 죽음
>
> 장면 2. 여호수아가 두려울 수밖에 없는 상황에 대한 묘사
> - 모세의 뒤를 이어 지도자가 된 상황
> - 정탐꾼으로서 가나안 땅을 직접 본 일(거인족, 크고 견고한 성)
>
> 장면 3. 여호수아를 향한 하나님의 말씀
> - 하나님이 여호수아와 함께하시겠다며 두려워하지 말라고 말씀하심.
> - 하나님의 함께하심을 믿으면 우리는 두려워하지 않을 수 있음.

물론 설교자에 따라 성경 이야기의 내용은 다양하게 구성할 수 있다. 예를 들어, 앞서 제시된 것에서 장면 1을 생략하고 장면 2를 둘로 구분할 수 있다. 장면 1에서 모세의 사역을 소개한 뒤, 모세의 뒤를 이어 지도자가 된 여호수아의 두려운 마음에 대해 설명할 수 있다. 그리

고 장면 2에서는 민수기 13장에 나오는 가데스 바네아에서 여호수아가 정탐꾼의 신분으로 가나안 땅에 다녀왔던 때를 묘사하면서, 가나안 땅에 살고 있는 사람들과 그들의 성의 크기에 대해 설명할 수 있다. 다만, 흐름상 장면 3의 내용은 크게 달라지지 않을 것이다.

이처럼 내용을 어떻게 구성하든지 간에 설교자가 원고를 보지 않고 성경 이야기를 들려줄 수 있고, 어린이들이 집중하며 따라올 수 있는 분량이라는 점에서 세 개의 장면으로 성경 이야기를 구성하는 것이 바람직하다.

2. 설교의 빅 아이디어와 관련된 내용만 다루라.

대부분의 본문에는 빅 아이디어뿐 아니라, 스몰 아이디어도 포함되어 있다. 그렇다면 설교자가 본문에 나오는 모든 스몰 아이디어를 꼭 다루어야 할까? 그렇지 않다. 그 이유는 첫째, 설교의 목적은 주해를 통해 본문의 빅 아이디어를 찾고, 그것을 전하는 것이기 때문이다. 스몰 아이디어는 대부분 당시의 사건과 상황들을 설명하며, 결국 빅 아이디어를 강조하는 데 그 목적이 있다. 즉, 스몰 아이디어는 빅 아이디어와의 관계 속에서 그 의미를 설명할 수는 있지만, 설교의 목적을 생각할 때 모든 스몰 아이디어를 다룰 필요는 없다. 두 번째 이유는 어린이들의 한계 때문이다. 어린이들은 성인보다 집중할 수 있는 시간과 이해할 수 있는 개념에 한계가 있기 때문에 빅 아이디어를 중심으로 설명해야 한다. 예를 들어, 여호수아 1장 4절을 보면 하나님이 이스라엘에 주실 땅의 경계에 대해 여호수아에게 말씀하시는 장면이 나온다.

"곧 광야와 이 레바논에서부터 큰 강 곧 유브라데 강까지 헷 족속의 온 땅과 또 해 지는 쪽 대해까지 너희의 영토가 되리라"(수 1:4).

여호수아 1장 1-9절이 설교 본문이기 때문에, 하나님이 여호수아에게 말씀하시는 이 경계가 어디인지 꼭 설명해야 할까? 만약 시간이 충분하다면 초등학교 고학년에게는 지도를 펼쳐놓고 이 땅의 경계가 어디인지를 설명해 주는 것이 유익할 수도 있다. 청소년들과는 성경의 다른 책에 나오는 이스라엘의 영토 경계와 여호수아서에 나오는 영토 경계에 어떤 차이가 있는지 살펴볼 수도 있다. 하지만 저학년이나 미취학 어린이들이라면 어떨까? 당연히 어려울 것이다. 성경 이야기는 빅 아이디어를 설명하고 강화하는 것에 초점을 두어야 한다. 따라서 본문에 나오는 모든 아이디어를 설명할 필요는 없다.

3. 어려운 용어와 개념은 충분히 설명하라.

어린이들은 추상적인 단어나 함축적인 단어를 이해하는 데 한계가 있다. 따라서 설교자는 어려운 단어나 개념을 쉽게 풀어서 설명해야 한다. 어려운 용어들을 설명할 때에는 두 가지를 유의해야 한다. 첫째, 본문에서 어린이가 꼭 알아야 하는 개념이 무엇인지를 구분하고, 그것을 충분히 설명해야 한다. 둘째, 설교자가 사용하는 어휘도 주의해야 한다. 어린이 설교자라 할지라도 일주일의 대부분의 시간을 성인들과 대화하고, 성인들의 수준에 맞춰진 신문 기사와 책을 읽는다. 그러다 보니 일상생활에서 사용하는 단어를 어린이 설교에 사용하는 경우가 많다. 따라서 설교 원고를 작성한 후 원고에 어려운 단어와 개념이 사용되지는 않았는지 꼭 살펴보아야 한다.

4단계
Touch - 적용

4단계 Touch 단계는 설교의 적용을 말한다. 영어 단어의 뜻처럼 설교의 마지막 단계에서는 어린이들의 삶을 터치해야 한다. 오늘날 한국교회 주일학교 상황을 보면, 설교자의 설교 본문과 예배 후에 진행하는 분반 공부의 본문이 동일한 경우가 많다. 만약 설교와 분반 공부의 본문이 같다면, 설교의 적용 시간은 줄어들 수 있다. 왜냐하면 설교의 적용이 분반 공부 시간을 통해 이루어지기 때문이다. 따라서 설교와 분반 공부의 본문이 같다면, 설교자는 빅 아이디어를 반복하거나 적용의 핵심을 간단하게 선포하는 것으로 설교의 적용을 끝낼 수 있다. 반대로 설교와 분반 공부 본문이 다르다면, 설교자는 적용이 어린이들의 삶을 터치하도록 더 넓고 깊게 다루어야 한다.

나는 설교와 분반 공부를 동일한 본문으로 진행하고 있다. 따라서 설교에서는 성경의 본래 의미를 충분히 설명하고, 분반 공부에서는 교재를 사용해 적용이 이루어지는 데 초점을 두고 있다. 이러한 이유로 이 책에 제시한 샘플 설교문의 경우 적용이 거의 없다.

어린이 설교자에게 적용만큼이나 어려운 것도 없다. 어린이들에게 그날의 설교가 잘 적용되려면, 어린이들의 삶을 구체적으로 알아야 하기 때문이다. 설교자들이 어린이들의 삶을 알기 위해서는 시간과 노력이 필요하다. 왕도는 없다. 어린이들과의 대화를 통해, 어린이들이 관심을 갖는 미디어를 통해, 어린이들을 이해할 수 있는 책을 통해 어린이들의 삶에 대한 이해를 넓혀가는 수밖에 없다. 이 단계에서 기억해야 할 몇 가지 원리가 있다.

1. Leap 단계에서 던진 질문과, 그에 대한 답을 제시하라.

2. 설교의 포인트를 반복하라.
3. 본문과 직접 관련된 내용을 삶에 적용하라.

1. Leap 단계에서 던진 질문과, 그에 대한 답을 제시하라.

설교의 첫 번째 단계에서 어린이들의 주의를 집중시킨 후, 두 번째 단계에서 어린이들에게 질문을 던졌다. 여호수아 1장의 Leap 단계 질문은 이것이었다. "우리에게 두려움이 찾아올 때, 우리는 어떻게 그 두려움을 이길 수 있을까?" 이 질문에 대한 답을 찾기 위해 여호수아 1장의 성경 이야기를 살펴본 결과, '우리에게 찾아오는 두려움을 이길 수 있는 방법은 하나님이 나와 함께하심을 믿는 것이다'라는 답을 얻었다. 이제 설교의 마지막인 적용 단계에서 처음에 던졌던 질문과 그 해결책을 한 문장으로 정리해서 알려주어야 한다. 그리고 이때 설교의 포인트를 아이들에게 해결책으로 제시해야 한다. 다음과 같은 방식으로 진행할 수 있다.

"설교의 첫 부분에서 이런 질문을 했어요. '우리에게 두려움이 찾아올 때, 우리는 그 두려움을 어떻게 이길 수 있을까?' 여러분, 어떻게 답을 할 수 있을까요? 그래요. 우리에게 두려움이 찾아올 때, 우리가 그 두려움을 이길 수 있는 방법은 하나님이 나와 함께하심을 믿는 거예요. 하나님은 오늘 말씀을 통해서 우리에게 이렇게 이야기하세요. '하나님이 나와 함께하심을 믿으라!'"

2. 설교의 포인트를 반복하라.

어린이들의 삶을 터치하기 위해 설교의 포인트를 몇 차례 반복해야 한다. 어린이들이 경험할 수 있는 상황을 예로 들면서 포인트를 반복하는 것이 필요하다. 예를 들어, "처음 유치원에 갈 때, 새로운 친구들과 선생님을 만나기 때문에 우리는 두려울 수 있어요. 그럴 때 우리가 기억해야 하는 것은 무엇일까요?", 혹은 "한 번도 해보지 않은 일을 맡게 될 때, '내가 그 일을 할 수 있을까?'라는 생각이 들면서 두려울 수 있어요. 그럴 때 오늘 말씀은 우리에게 어떤 이야기를 해주고 있나요?"와 같은 질문을 던지며, 어린이들이 그날의 포인트를 반복해서 대답하게 하는 것으로 그들의 삶에 적용하게 할 수 있다.

3. 본문과 직접 관련된 내용을 삶에 적용하라.

어린이 설교의 적용은 본문의 내용으로 제한해야 한다. 때때로 한 편의 설교에 어린이들에게 필요하다고 생각되는 많은 교훈을 담고 싶을 때가 있다. 본문의 빅 아이디어와는 별개로 설교자가 생각하는 중요한 성경적 개념을 적용 부분에 포함시키는 것이다. 예를 들어, 여호수아 1장을 본문으로 두고, '두려움을 이기려면 하나님이 나와 함께 하신다는 것을 믿어야 한다'를 설교의 핵심으로 정했다고 생각해 보자. 그런데 여기에 적용 단계에서 큰 개념의 적용을 덧붙이는 것이다. 가령 '첫째, 하나님이 나와 함께하시는 것을 믿는 사람은 전도해야 한다. 둘째, 고난이 찾아와도 물러서지 않는 믿음의 용기를 가져야 한다. 셋째, 매일 정해진 시간에 기도해야 한다'와 같은 적용을 추가하는 것이다. 이런 적용이 불가능하다고 말하는 것이 아니다. 하지만 전도, 믿음의 용기, 기도라는 개념은 각각의 설교로 구성해도 충분할 만큼의 크고 중요한 주제이기 때문에, 설교의 적용 단계에서 추가시켜 언급하는 것은 적합하지 않다. 매주일 설교는 본문의 빅 아이디어를 강조하고, 그 진리를 적용하는 것에 집중해야 한다. 어린이들에게 꼭 필요한 다양한 주제와 개념은 그와 관련된 본문으로 설교할 때 충분히 전할 수 있다고 믿는다. 따라서 적용에서는 본문의 포인트와 관련 없는 새로운 적용을 추가하기보다, 본문의 포인트를 강조하고 정리해야 한다.

정리

지금까지 PLOT 설교란 무엇이며, 각 단계의 의미와 그 단계에서 유의해야 할 몇 가지 개념을 살펴보았다. 나는 어린이 설교도 강해 설교여야 한다고 믿는다. 어린이들도 성경 본문의 원래 의미를 알아야 하고, 그것을 기초로 성경적 가르침을 받아야 한다. 당연한 이야기지만 설교자가 그렇게 어린이에게 설교하려면, 설교자는 성경을 기록한 저자의 의도와 목적을 발견해야 한다. 어린이 설교자는 **'성경 이야기 자체를 재미있게 전달'**하는 것에 초점을 맞추기보다, **'성경 이야기의 의미를 전달'**하는 것에 관심을 가져야 한다. 또한 어린이 설교는 전달하는 방식에 있어서 어린이들의 시선을 사로잡을 수 있어야 한다고 믿는다. 그런 면에서 내러티브 설교 방식은 그 구조에 있어서 어린이들에게 적합한 방식이다. ●

PART II
창세기

창세기 1:26-28

| 제 목 | **가장 특별한 창조물인 하나님의 형상**
| 포인트 | **하나님의 형상에 맞게 살라!**

참고 자료

1. '예수빌리지 구약 1' 학령기 2과의 성경 이야기 그림이 사용되었습니다.
2. 큐알 코드를 인식하면, **'도입 PPT'**를 내려받을 수 있습니다.

TIP. 설교문의 표시된 곳에서 엔터키를 누르면 애니메이션 효과가 나타납니다.

('루브르 박물관'을 보여주며) 프랑스 파리에는 세계적으로 유명한 박물관이 있어요. 우리 중에 이미 가본 적이 있거나 한 번쯤은 들어봤을 만한 ▶ '루브르 박물관'인데요. 이

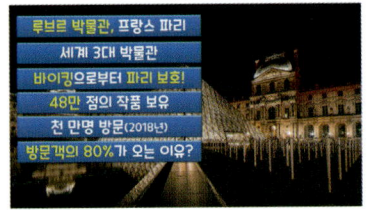

박물관의 이름을 들어본 적이 있는 사람은 고개를 끄덕여볼까요?

루브르 박물관은 영국의 영국 박물관, 로마의 바티칸 박물관과 함께 ▶ 세계 3대 박물관 중의 하나예요. 이곳은 원래 필리프 2세가 ▶ 바이킹으로부터 프랑스 파리를 보호하기 위해 만든 요새였는데, 나중에 수리해서 왕궁으로 사용한 이후 박물관이 되었어요.

루브르 박물관에는 매우 유명한 작품들이 다양하게 전시되어 있어요. 루브르 박물관 홈페이지를 확인해 보니, 박물관 안에 ▶ 약 48만 점의 작품들이 있다고 해요(2022년 1월 기준). 작품이 너무 많아서 이 중에 상당수는 창고에 보관되고 있을 정도지요.

2018년에 처음으로 루브르 박물관을 찾은 사람이 ▶ 1,000만 명을 넘었고, 2019년에도 960만 명이나 되는 사람들이 그곳을 처음 방문했어요. 영국의 '가디언'이라는 신문은 루브르 박물관을 찾는 사람 가운데 80퍼센트가 어떤 한 작품을 보기 위해 온다고 보도했어요(2019년 8월 13일자).

▶ 이렇게 많은 사람을 루브르 박물관으로 이끄는 작품은 무엇일까요? (대답을 들은 후) 바로 '모나리자'예요. 이탈리아어로 '모나'는 결혼한 여성의 이름 앞에 붙이는 높임말이고, '리자'는 초상화의 모델이 된 여인의 이름이에요. 그래서 우리말로 '모나리자'를 번역하면 '리자

여사' 정도로 말할 수 있지요.

많은 사람이 '모나리자'를 보려고 루브르 박물관에 오기 때문에, 이 그림을 보기 위해서는 보통 1시간가량 기다려야 해요. 방학이나 휴가 기간에 관람객이 더 몰려오면 2-3시간을 기다려야 할 때도 있어요. 이렇게 긴 시간을 기다린 후에 '모나리자'를 볼 수 있는 시간은 얼마나 될까요? 아쉽게도 사진 찍는 사람들로 붐비기 때문에 이 그림을 오래 보기는 어려워요. 몇 시간을 기다려서 잠깐 사진만 찍고 오는 경우가 대부분이지요.

('모나리자'를 보여주며) 여러분, ▶ 왜 이토록 많은 사람이 '모나리자'를 보려고 하는 걸까요? 아마도 이 작품이 가지고 있는 ▶ 특별함 때문일 거예요. 이런 특별함은 '모  나리자'뿐 아니라, 우리 주위에서도 얼마든지 다양한 작품이나, 장소, 동식물 등에서 찾아볼 수 있어요. 그리고 ▶ 그것들이 특별한 데는 이유가 있지요. 뛰어난 매력을 가지고 있거나, 어떤 중요한 의미를 품고 있기 때문이에요.

그런데 특별한 것 중에서도 가장 특별한 것이 있다는 사실을 알고 있나요? 다른 무엇과도 비교할 수 없을 만큼 특별한 그것은 무엇일까요? (대답을 들은 후) 바로 '사람'이에요. 사람이 특별한 이유는 무엇일까요? 그리고 그 특별함과 관련해서 우리가 기억해야 할 진리는 무엇일까요? 오늘 말씀을 통해 이 질문에 대한 답을 함께 찾아볼 거예요. 다 같이 창세기 1장 26-28절을 읽어보아요.

오늘 말씀을 보면 사람이 다른 피조물보다 특별한 두 가지 이유를 알 수 있어요. 사람이 다른 창조물과는 다르게 특별한 첫 번째 이유는, 사람이 하나님의 형상으로 창조되었기 때문이에요.

창세기 1장 1절에는 하나님이 온 우주와 모든 것을 창조하셨다고 기록되어 있어요. 여러분, 하나님이 첫째 날에 무엇을 만드셨는지 기억하고 있나요? (대답을 들은 후) 그래요. 빛을 만드셨어요. 그리고 빛과 어둠을 나누어 빛을 '낮'이라고 부르시고, 어둠을 '밤'이라고 부르셨어요.

둘째 날, 하나님은 하늘을 만드셨어요. 물을 하늘 위의 물과 하늘 아래의 물로 나누어, 그 공간을 하늘이라고 부르셨어요. 하나님은 하늘 아래의 물을 한곳으로 모으시고 뭍이 드러나라고 말씀하셨어요. 이렇게 모인 물을 바다라고 하셨고, 뭍을 가리켜서 땅이라고 부르셨어요. 셋째 날, 하나님은 땅 위에 식물들과 나무들을 창조하시고 만드신 공간들을 하나씩 채워가셨어요. 넷째 날에는 해, 달, 별을 만드셔서 우주를 채우셨어요. 다섯째 날에는 하늘의 새와 바다의 물고기를 만드셔서 하늘과 바다를 채우셨어요. 마지막 여섯째 날에는 동물을 만드셔서 땅을 채우셨어요. 그런데 하나님의 창조는 여기에서 끝나지 않았어요. 하나님은 가장 마지막에 '사람'을 창조하셨어요.

오늘 말씀을 보면 하나님이 사람을 창조하실 때 다른 창조물들과는 다르게 창조하신 것을 알 수 있

하나님의 시작, 거룩한 백성

어요. 본문 27절 말씀이에요. "하나님이 자기 형상 곧 하나님의 형상대로 사람을 창조하시되 남자와 여자를 창조하시고." 하나님이 창조하신 다른 피조물들과 사람 사이에는 큰 차이가 있어요. 바로 사람이 '하나님의 형상'으로 창조되었다는 사실이에요.

그렇다면 하나님의 형상으로 창조되었다는 말은 어떤 의미일까요? 이 말은 사람이 하나님의 성품을 닮도록 창조되었다는 뜻이에요. 즉, 하나님은 우리가 하나님을 닮도록 만드셨어요. 여러분, 하나님은 어떤 분인가요? 하나님은 온 우주와 모든 것을 창조하시고 사람이 살 수 있는 모든 환경을 창조하신 창조주세요. 그런데 그런 하나님이 우리를 하나님과 닮도록 창조하셨대요. 세상에 사람 이외에 하나님의 형상을 따라 창조된 존재가 또 있을까요? (대답을 들은 후) 없지요. 유일하게 사람만 하나님의 형상을 따라 창조되었어요. 그렇다면 우리는 소중할까요, 그렇지 않을까요? 당연히 소중하고, 아주 특별할 수밖에 없어요.

사람이 다른 창조물과 다르게 특별한 두 번째 이유는 하나님이 사람에게 '문화명령'을 주셨기 때문이에요. 우리가 읽은 창세기 1장 28절은 이렇게 기록되어 있어요. "하나님이 그들에게 복을 주시며 하나님이 그들에게 이르시되 생육하고 번성하여 땅에 충만하라, 땅을 정복하라, 바다의 물고기와 하늘의 새와 땅에 움직이는 모든 생물을 다스리라 하시니라."

하나님은 하나님의 형상대로 사람을 창조하신 후, 사람들에게 자녀를 많이 낳고 번성하라고 말씀하셨어요. 그리고 땅을 정복하고 다스리라고 명령하셨어요. 이것을 '문화명령'이라고 해요. 즉, 문화명령은 하나님이 이 세계와 세계 안의 모든 것을 창조하신 후 사람에게 생육하고 번성하며, 땅을 정복하고, 땅에 충만하도록 임무를 주신 것을 표현한 말이에요.

하나님이 창조하신 세계를 다스리라는 명령은 하나님의 형상을 닮은 사람에게만 주어진 명령이에요. 하나님은 오직 사람에게만 이렇게 명령하셨어요. 그래서 사람은 다른 피조물들과는 분명 다르고, 특별한 존재예요.

여러분, 오늘 말씀을 통해서 우리는 사람이 특별한 두 가지 이유를 알 수 있었어요. 첫째는 하나님의 형상으로 창조되었기 때문이고, 둘째는 문화명령을 받았기 때문이에요. 우리는 하나님의 형상으로 특별하게 창조되었고, 문화명령을 받은 피조물이에요.

사람들은 흔히 누군가의 겉모습만 보고 그 사람이 특별한지 아닌지를 판단하려고 해요. 부자든 가난하든, 공부를 잘하든 못하든, 모든 사람은 저마다 아주 특별해요. 왜냐하면 우리가 하나님의 형상을 닮도록 창조되었고, 하나님이 우리에게 문화명령을 주셨기 때문이에요. 오늘 말씀은 특별한 우리에게 이렇게 말씀하고 있어요. **"하나님의 형상에 맞게 살라!"** 우리가 하나님의 형상이기 때문에 특별하다는 것을 잊지 않는 저와 여러분이 되길 기도해요.

창세기 3:1-5

| 제 목 | 죄로 인해 무엇이 달라졌을까?
| 포인트 | 죄로 인해 관계가 끊어지고 손상되었음을 알라!

참고 자료

1. '예수빌리지 구약 1' 학령기 3과의 성경 이야기 그림이 사용되었습니다.
2. 큐알 코드를 인식하면, '도입 PPT'를 내려받을 수 있습니다.

TIP. 설교문의 ▶ 표시된 곳에서 엔터키를 누르면 애니메이션 효과가 나타납니다.

여러분, '나사'에 대해 들어본 적 있나요? ('우주 왕복선'을 보여주며) ▶ 나사는 미국 항공 우주국을 일컫는 단어예요. 우주 개발과 관련된 일을 하는 기관이지요. ▶ 1986년 1월 28일, 나사에서 우주를 탐사하기 위해 우주 왕복선을 발사했어요. 이 우주 왕복선의 이름은 ▶ '챌린저호'로, 미국이 처음 발사한 '컬럼비아호'에 이어 두 번째로 쏘아 올린 것이었어요.

챌린저호의 첫 번째 임무는 지구와 우주 사이에 연락이 잘되도록 ▶ 통신 위성, 즉 나사의 전용 통신 중계 위성을 우주에 보내는 것이었어요. 두 번째 임무는 당시 지구에 접근하던 ▶ 핼리 혜성을 관측하는 것이었어요. 마지막 세 번째 임무는 챌린저호에 탑승한 민간인 교사가 우주에서 과학 실험을 하면서, 미국 학교 학생들에게 ▶ 원격 수업을 하는 것이었어요. 챌린저호에는 총 7명이 탑승했는데, 그중에 한 명이 바로 이 선생님이었어요.

탑승자들이 고된 훈련을 마친 후, 챌린저호는 많은 사람이 보는 앞에서 우주를 향해 발사되었어요. 그런데 안타깝게도 하늘에 오른 지 58초 만에 챌린저호에서 불꽃이 튀기 시작했고, 발사한 지 73초 만에 큰 폭발이 일어나면서 챌린저호는 산산조각이 났어요. 우주 비행사 7명 역시 전원 사망하고 말았어요.

나사는 챌린저호가 폭발한 이유를 조사하기 시작했어요. ('O-ring'을 보여주며) 그 결과, ▶ 'O-ring'이라는 동그란 고무링이 폭발의

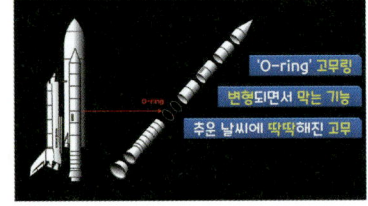

원인이 되었다는 사실이 밝혀졌어요. 이 고무링은 ▶ 빈틈이 생기면 모양을 바꾸어 그 틈을 막아야 하는데, 추운 날씨 때문에 제대로 작동하지 않았어요. 다시 말해, 고무가 늘어났다 줄어들었다 해야 하는데, ▶ 추운 날씨에 딱딱해진 고무에 금이 가면서 챌린저호가 폭발했던 거예요.

이 사건은 나사가 세워진 이래로 가장 큰 사건으로 기억되고 있어요. 챌린저호는 수많은 사람의 관심과 연구, 그리고 노력으로 발사되었지만, 아주 작은 요소인 고무링이 제대로 작동하지 않으면서 큰 사고를 불러일으켰어요.

챌린저호의 많은 부품 중에서 작은 고무링 하나가 모든 것을 다 망가뜨린 것처럼, 작다고 생각한 것이 우리의 삶과 관계를 한꺼번에 망칠 때가 있어요. 우리의 모든 것을 한꺼번에 망가뜨릴 수 있는 것은 무엇일까요? 그리고 그것과 관련해서 우리가 기억해야 할 것은 무엇일까요? 이 질문에 대한 답을 말씀을 통해서 살펴보기로 해요. 창세기 3장 1-5절을 함께 읽어보아요.

여러분, 하나님이 무엇으로 이 세상을 창조하셨나요? (대답을 들은 후) 그래요. 말씀으로 세상을 창조하셨어요. 하나님이 말씀하시면 그대로 이루어졌어요. 말씀으  로 온 우주를 창조하신 하나님은 아담과 하와에게 이렇게 말씀하셨어요. "여호와 하나님이 그 사람에게 명하여 이르시되 동산 각종 나무의 열매는 네가 임의로 먹되 선악을 알게 하는 나무의 열매는 먹지 말라 네가 먹는 날에는 반드시 죽으리라 하시니라"(창 2:16-17).

아담과 하와는 에덴동산에 있는 모든 나무의 열매를 다 먹을 수 있었어요. 하지만 절대로 먹어서는 안 되는 것이 딱 하나 있었어요. 그것은 선악을 알게 하는 나무의 열매인 '선악과'였어요. 선악과는 하나님이 유일하게 아담과 하와에게 금지하신 것이었어요.

그런데 뱀이 하와를 찾아와 이렇게 물었어요. "하나님이 참으로 너희에게 동산 모든 나무의 열매를 먹지 말라 하시더냐"(창 3:1). 뱀이 하와를 시험했어요. 하와는 하
나님이 동산 한가운데에 있는 나무의 열매는 먹지도 말고 만지지도 말라고 하셨다고 대답했어요. 여러분, 하나님이 정말 하와에게 동산 가운데에 있는 나무의 열매는 만지지도 말라고 하셨나요? (대답을 들은 후) 하나님은 하와에게 선악을 알게 하는 나무의 열매만은 먹지 말라고 하셨지, 만지지 말라고 하시지는 않으셨어요. 하와는 하나님이 하신 말씀에 자신의 말을 추가했어요.

뱀은 그런 하와의 빈틈을 파고들어 하와에게 이렇게 말했어요. "너희가 결코 죽지 아니하리라 너희가 그것을 먹는 날에는 너희 눈이 밝아져 하나님과 같이 되어 선악을 알 줄 하나님이 아심이니라"(창 3:4-5). 뱀의 말을 듣고 하와는 그 열매를 먹었어요. 그리고 그 열매를 아담에게도 주어서 아담도 그 열매를 먹게 되었어요. 선악과를 먹은 아담과 하와는 눈이 밝아졌고, 자신들이 옷을 벗고 있는 모습에 부끄러움을 느꼈어요. 그래서 그들은 무화과나무 잎을 엮어서 옷을 만들어 입었어요.

어느 날, 하나님이 에덴동산을 거니시는 동안 아담과 하와는 그 소리를 듣고 하나님을 피해 숨었어요. "네가 어디 있느냐?" 하고 하나님이 아담과 하와를 부르셨어요. 아담이 벌거벗었기 때문에 숨었다고 대답하자, 하나님은 아담에게 선악과를 먹었는지 물어보셨어요.

하나님은 창세기 1장에서 말씀으로 세상을 창조하시고, 창세기 2장에서는 선악과를 먹지 말라고 말씀하셨어요. 그런데 창세기 3장에서 아담과 하와가 하나님의 말씀에 불순종하는 일이 일어났어요.

하나님은 아담과 하와를 속인 뱀에게 큰 벌을 내리시고, 아담과 하와에게는 에덴동산에서 쫓겨나 죽게 될 것이라고 하셨어요.

여러분, 아담과 하와는 하나님의 말씀에 불순종하는 죄를 지었어요. 죄는 우리와 하나님과의 관계를 끊어지게 만들어요. 그런데 이 죄로 인해 우리와 하나님과의 관계뿐 아니라 우리를 둘러싼 모든 관계가 끊어졌어요. 사람과 사람 사이에 다툼이 생기고, 자연이 오염되고, 동물들이 사람을 위협하는 일들도 모두 죄 때문에 일어난 일이에요. 이렇게 죄가 들어오면 다툼이 생기고, 관계가 깨지고, 평화가 사라져요. 아무리 작아 보이는 죄라도 죄는 모든 것을 깨뜨리고, 우리의 삶을 한꺼번에 무너뜨려요. 아주 작은 고무링이 큰 재앙을 일으켰던 것처럼 말이에요.

하나님은 오늘 말씀을 통해 우리에게 이렇게 말씀하고 계세요. **"죄로 인해 관계가 끊어지고 손상되었음을 알라!"** 아주 작은 죄라고 생각되는 것도 우리의 삶과 하나님과의 관계와 우리를 둘러싼 모든 관계를 깨뜨려요.

그렇다면 우리는 어떻게 죄로부터 깨끗해질 수 있을까요? 방법은 하나밖에 없어요. 바로 예수님이에요. 예수님을 나의 구주와 주님으로 고백하면 우리에게 있는 죄가 깨끗해져요. 예수님을 우리의 마음에 영접하면, 우리와 하나님과의 관계는 회복되고 영원한 생명을 얻을 수 있어요. 죄로 인해 삶이 망가지고 관계가 깨졌다 해도 예수님을 통해서 다시 회복될 수 있어요. 이 진리를 기억하는 저와 여러분이 되길 기도해요.

창세기 4:1-7

| 제 목 | **가인의 죄가 일으킨 무서운 범죄 사건**
| 포인트 | **죄의 종이 되지 말라!**

참고 자료

1. '예수빌리지 구약 1' 학령기 4과의 성경 이야기 그림이 사용되었습니다.
2. 큐알 코드를 인식하면, '**도입 PPT**'를 내려받을 수 있습니다.

TIP. 설교문의 ▶ 표시된 곳에서 엔터키를 누르면 애니메이션 효과가 나타납니다.

('화이자' 로고를 보여주며) 코로나 바이러스로 인해 우리에게 익숙해진 ▶ '화이자'라는 제약 회사가 있어요. 이 회사는 ▶ 코로나 백신도 만들었지만, '팍스로비드'라는 먹

는 코로나 치료제를 만든 것으로도 유명하지요. 화이자는 찰스 화이자와 찰스 에르하르트라는 두 사람에 의해 시작되었어요. 원래 이 둘은 독일 사람이었고 사촌 사이였어요. 찰스 화이자는 약사가 되기 위해 공부한 사람이었고, 찰스 에르하르트는 제과점에서 빵을 만드는 사람이었어요. 두 사람은 1849년, 그러니까 지금으로부터 약 180년 전에 미국으로 이민을 떠났어요.

('산토닌'을 보여주며) 두 사람이 살던 당시에는 사람들이 꼭 먹어야 하는 약이 있었는데, 그것은 ▶ '산토닌'이라는 구충약이었어요. 여러분, ▶ 구충약이 무엇인지 아

나요? (대답을 들은 후) 사람의 몸에는 기생충이 서식할 수 있는데, 구충약은 몸 안의 기생충을 없애는 약이에요. 그때만 해도 오늘날과 달리 위생 상태가 깨끗하지 못했기 때문에 사람 몸에 기생충이 있는 경우가 많았어요. 그래서 사람들은 구충약을 먹어야 했지요.

화이자와 에르하르트 역시 산토닌을 먹어야 했지만 ▶ 약이 너무 써서 먹기가 쉽지 않았어요. 평소 식품에 어떤 물질을 첨가해서 상품을 만드는 데 관심이 있던 그들은 산토닌을 덜 고통스럽게 먹는 방법을 고민했어요. 그러다가 약 표면에 단맛이 나는 식품 첨가물을 바르는 아이디어를 떠올리게 되었어요. 그래서 나온 것이 바로 ▶ '산토닌 당

의정'이에요. 이것이 의약품 역사상 최초의 당의정이었지요. '당의정'은 한자를 그대로 풀면 ▶ '설탕 옷을 씌운 알약'이라고 할 수 있어요. 즉, 쓴맛이 나는 알약에 설탕 옷을 입혀 단맛을 느끼게 해서 약을 쉽게 먹게 한 거예요.

화이자와 에르하르트는 당의정을 만드는 기술을 토대로 회사를 세웠고, 여러 제약 회사가 이 회사가 가지고 있는 기술을 돈을 내고 사용했어요. 그때부터 많은 사람에게 알려지기 시작한 화이자는 오늘날에는 세계적으로 알려질 만큼 큰 회사로 성장했어요.

당의정의 겉면은 설탕 옷 때문에 달콤하고, 안의 내용물은 쓰더라도 몸에 이로워요. 그런데 만약 겉은 달고 화려하지만, 그 안에 생명을 빼앗아갈 만큼 위험한 것이 있다면 어떨까요? 생각만 해도 끔찍하지 않나요?

그런데 '죄'는 당의정의 겉면과 동일한 점이 있어요. 대부분의 죄는 겉으로는 매력적으로 보여요. 한 번 경험해 보고 싶고, 시도해 보고 싶을 만큼 호기심을 자극하기도 해요. 마치 하와의 눈에 선악과가 먹음직스럽고, 보기에도 아름다워 보였던 것처럼 말이에요(창 3:6). 이렇게 죄는 사람들을 자극하고 유혹해요. 하나님의 자녀인 우리에게도 어김없이 죄의 유혹이 찾아와요. 한 번만 해보라고, 즐거움이 무엇인지 알게 해준다고, 다른 사람들은 경험해 보지 못한 것이라고 끈질기게 부추겨요. 그렇다면 죄가 우리를 유혹할 때, 우리가 기억해야 할 진리는 무엇일까요? 오늘 말씀을 통해 살펴보기를 원해요. 다 같이 창세기 4장 1-7절 말씀을 읽어보아요.

하나님의 형상대로 창조된 아담과 하와는 선악과를 먹지 말라는 하나님의 말씀에 불순종하는 죄를 지었어요. 그 결과, 하나님은 죄지은 인간을 에덴동산에서 쫓

아내셨어요. 하지만 하나님은 여전히 사람을 사랑하셨고, 아담과 하와에게 가인과 아벨, 두 아들을 주셨어요. 가인은 농사를 짓는 농부가 되었고, 아벨은 양을 치는 목자가 되었어요. 그리고 두 사람은 각자 제물을 준비해서 하나님께 제사를 드렸어요. 오늘날로 말하면 가인과 아벨이 하나님께 예배를 드렸던 거예요.

그런데 오늘 우리가 읽은 창세기 4장 4-5절을 보면, 하나님이 아벨의 예배는 받으시고 가인의 예배는 받지 않으셨다고 나와 있어요. 두 사람이 예배를 드렸는데 하나

님은 왜 가인의 예배는 받지 않으시고, 아벨의 예배는 받으셨을까요?

히브리서 11장 4절을 보면, 하나님이 아벨의 예배를 받으신 이유를 알 수 있어요. "믿음으로 아벨은 가인보다 더 나은 제사를 하나님께 드림으로 의로운 자라 하시는 증거를 얻었으니 하나님이 그 예물에 대하여 증언하심이라."

즉, 아벨은 하나님께 믿음으로 예배를 드렸기 때문에, 하나님은 그의 예배를 받으셨어요. 아벨이 하나님께 믿음으로 드렸다는 것은 그가 드린 제물로도 알 수 있어요. 아벨은 "첫 새끼와 그 기름"(창 4:4)을 드렸지요. 이 말씀은 아벨이 가진 것 중에서 가장 좋은 것을 하나님께

드렸다는 뜻이에요. 이런 모습에서 우리는 하나님을 향한 아벨의 믿음을 엿볼 수 있어요. 반면에 가인은 그러지 않았어요. 가인은 단순히 "땅의 소산으로 제물"(창 4:3)을 드렸어요.

가인이 믿음으로 예배하지 않았기 때문에 그의 예배는 받아들여지지 않았어요. 그런데 오히려 가인은 하나님이 자신의 예배를 받아주지 않으신 것에 화가 났어요. 하나님은 그런 가인에게 왜 화를 내는지 물으시고 이렇게 말씀하셨어요. "네가 선을 행하면 어찌 낯을 들지 못하겠느냐 선을 행하지 아니하면 죄가 문에 엎드려 있느니라 죄가 너를 원하나 너는 죄를 다스릴지니라"(창 4:7).

하지만 가인은 죄를 다스리지 못했어요. 가인은 아벨을 들로 데리고 나가 자신의 동생인 아벨을 죽이고 말았어요. 하나님은 가인에게 죄가 그를 지배하려고 할 것이기 때문에 좋은 마음을 품으라고 말씀하셨어요. 그러나 가인은 죄의 유혹을 뿌리치지 못하고 하나님의 말씀에 불순종하는 또 다른 죄를 짓고 말았어요.

여러분, 이것이 죄의 특성이에요. 죄는 하나님의 말씀을 무시하고 또 다른 죄를 짓게 만들어요. 죄의 유혹은 너무 달콤해서, 우리가 마음을 잘 다스리지 못하면 죄의 유혹에 빠져 죄를 범하게 해요. 그렇다면 이렇게 죄의 유혹이 우리에게 찾아올 때, 우리가 기억해야 할 것은 무엇일까요? 하나님은 오늘 우리에게 이렇게 말씀하고 계세요. "죄의 종이 되지 말라!"

우리는 죄의 종이 되어 죄에 이끌려 다녀서는 안 돼요. 우리는 죄로부터 우리 자신을 지켜야 해요. 죄의 유혹이 찾아올 때 우리는 하나님께 기도해야 해요. "하나님, 제 마음을 지켜주세요. 제가 죄를 짓지 않도록 도와주세요." 죄의 달콤한 유혹에 빠져 죄의 종이 되지 않는 저와 여러분이 되길 기도해요.

창세기 6:5-9

| 제 목 | 하나님의 구원 판결문
| 포인트 | 죄를 심판하시고 의인을 구원하시는 하나님을 알라!

참고 자료

1. '예수빌리지 구약 1' 학령기 5과의 성경 이야기 그림이 사용되었습니다.
2. 큐알 코드를 인식하면, '도입 PPT'를 내려받을 수 있습니다.

TIP. 설교문의 표시된 곳에서 엔터키를 누르면 애니메이션 효과가 나타납니다.

('콘라트 로렌츠'를 보여주며) ▶ '노벨상'은 인류를 위해 크게 기여한 사람에게 주는 상으로, 지금까지 많은 사람이 이 상을 받았어요. 오스트리아의 의사이자 동물학자인 ▶ '콘라트 로렌츠'도 노벨상 수상자 가운데 한 명이지요.

로렌츠가 태어나던 해, 그의 부모님은 도시 외곽에 큰 집을 지었어요. 집안이 부유했기 때문에 어렸을 때부터 그의 집에는 많은 종류의 동물들이 있었어요. 로렌츠는 동물들을 관찰하며 지내는 것을 즐겼고, 좋아했어요. 그는 의사인 아버지의 권유로 미국으로 유학을 떠나 의학 공부를 하다가, 다시 오스트리아 빈으로 돌아와 공부를 마치고 의사가 되었어요. 의학 공부와 함께 동물을 관찰하는 일을 계속하던 로렌츠는 5년 뒤에는 동물학 박사 학위도 받게 되었어요.

로렌츠는 '○○효과'로 노벨상을 받았는데, 혹시 어떤 효과인지 아는 친구 있나요? (대답을 들은 후) 정답은 ▶ '각인효과'예요. 한자로 '각'은 '새긴다'라는 뜻이고, '인'은 '도장'이라는 뜻이에요. 그러니까 각인이라는 말은 ▶ 도장을 새긴다는 뜻으로, 나무나 돌 같은 것에 글씨를 새기는 것을 말해요.

로렌츠는 동물들에게 다음과 같은 각인효과가 일어난다고 주장했어요. 그는 각인효과를 설명하면서 자신이 했던 실험을 소개했어요. ('로렌츠와 거위들'을 보여주며) ▶ 로렌츠가 거위들이 태어날 때 그 앞에 있자, 신기하게도 막 태

어난 새끼 거위들이 그의 뒤를 졸졸 따라다녔어요. 그는 이 실험을 통해 동물들이 태어나서 처음 보는 것과 자신을 연관시키고 동일시한다는 것을 밝혀냈어요. 오리나 거위는 부화된 지 24-48시간, 고양이는 태어난 지 2-7주, 개는 2-10주 동안 자신이 보았던 것에 크게 영향을 받는다고 해요. 이것을 '각인효과'라고 하는데, 백과사전에는 이것이 "특정 시기 동안 주어진 자극이나 환경이 기억에 강하게 인식되는 것"이라고 설명되어 있어요.

동물들의 이러한 특성처럼 우리도 쉽게 잊을 수 없을 정도의 큰 충격이나 감동을 받으면 깊이 각인될 때가 있어요. 장엄한 자연환경이나, 처음 경험하는 다른 나라의 문화가 그 예가 될 수 있지요.

그런데 이것은 하나님에 관해서도 마찬가지예요. 하나님에 대해서 처음 알게 된 것들이 우리 안에 강하게 남을 수 있기 때문이에요. 예를 들어, "하나님은 사람을 정말 사랑하시는 분이야!" 또는 "하나님은 죄를 심판하시는 무서운 분이야!"와 같은 생각들 말이에요. 그런데 자칫 이런 생각 때문에 우리가 하나님에 대해서 잘못 알 수도 있음을 알아야 해요.

여러분은 하나님을 어떤 분으로 알고 있나요? 혹시 하나님의 어떤 한 부분이 여러분에게 깊이 각인되어 있지는 않나요? 여러분이 믿고 고백하는 하나님은 어떤 분인가요? 성경에서 말씀하고 있는 하나님은 어떤 분이신지 창세기 6장 5-9절의 말씀을 통해 지금부터 함께 살펴보기를 원해요. 다 같이 오늘 본문 말씀을 읽어보아요.

아담과 하와는 죄의 유혹을 이기지 못해 하나님의 말씀에 불순종하는 죄를 범했어요. 결국 아담과 하와는 에덴동산에서 쫓겨났어요. 하지만 하나님은 아담과 하와를  통해서 많은 사람이 태어나도록 허락하셨어요. 그런데 이렇게 많아진 사람들의 생각과 행동은 어땠나요? 오늘 우리가 함께 읽었던 창세기 6장 5절에는 당시 사람들의 모습이 이렇게 기록되어 있어요. "여호와께서 사람의 죄악이 세상에 가득함과 그의 마음으로 생각하는 모든 계획이 항상 악할 뿐임을 보시고."

죄에 영향을 받은 사람들은 죄에 오염되어 그 생각과 행동이 언제나 악했어요. 창세기 1장 28절에서 하나님은 자녀를 많이 낳고 번성하여 땅을 채우라고 말씀하셨는데, 세상은 안타깝게도 폭력으로 가득 찼어요(창 6:11). 하나님은 사람들을 보고 사람을 만드신 것을 한탄하시며 마음 아파하셨어요.

여러분, 이 말은 하나님이 사람을 창조하신 일을 후회하신 것처럼 느껴지지만, 죄에 오염된 사람을 안타깝게 바라보시는 하나님의 마음을 사람의 말로 표현한 거예  요. 하나님은 사람들의 생각이 죄로 가득하자, 사람을 심판하기로 결정하셨어요. 어떻게 심판하기로 하셨을까요? (대답을 들은 후) 그래요. 물로 이 세상을 심판하기로 하셨어요.

그런데 이 홍수 심판에서 벗어날 수 있는 사람이 창세기 5장 8절에 등장해요. 바로 노아예요. 노아는 하나님께 은혜를 입은 사람이었어요. 노아는 그가 살던 시대에 의롭고 흠 없이 하나님의 뜻을 따라 하나님과 함께 살았던 사람이에요. 여기서 의롭다는 말은 하나님의 말씀대로 사는 사람이라는 뜻이에요. 즉, 노아는 죄로 가득한 세상에서도 하나님의 말씀에 순종하는 사람이었어요.

하나님은 이런 노아에게 방주를 만들라고 말씀하셨어요. 방주는 길이가 135미터, 너비가 23미터, 높이는 14미터 정도 되는 아주 큰 3층짜리 배였어요. 참고로 축구장  은 보통 길이가 90-120미터, 너비가 45-90미터가량 되니, 크기를 짐작해 볼 수 있을 거예요.

노아는 하나님의 말씀에 순종해서 하나님이 명령하신 대로 방주를 만들었어요. 노아가 방주에 들어간 날짜는 노아가 600세(창 7:6)였던 2월 10일이었고, 2월 17일부터 40일 동안 비가 내렸어요(창 7:11-12). 내린 비로 150일 동안 온 땅에 물이 가득하다가 차차 줄어들면서 방주가 아라랏산에 도착했어요. 노아는 이듬해 1월 1일에 방주 뚜껑을 열었고, 2월 27일에 방주 밖으로 나왔어요(창 8:13-14).

하나님이 내리신 홍수 심판으로 노아의 방주에 탄 사람을 제외한 모든 사람이 죽었어요. 우리가 홍수 심판에서 볼 수 있는 하나님은 죄를 벌하시는 '공의'로우신 하나님이세요. 하지만 동시에 노아와 그의 가족들을 구원하시는 '사랑'의 하나님이세요.

여러분, 하나님은 죄가 있으면 분명히 심판하시는 '공의'의 하나님이시지만, 동시에 사람을 너무나 사랑하시는 '사랑'의 하나님이세요. 우리가 공의의 하나님만 알거나, 사랑의 하나님만 아는 것은 하나님을 제대로 알지 못하고 있는 거예요.

어떤 사람은 홍수 사건을 통해서 하나님이 사람을 물로 심판하시는 무서운 분이라고만 생각할 수 있어요. 하지만 하나님은 사람을 사랑하셔서 구원하시는 구원의 하나님이시기도 해요. 하나님은 오늘 말씀을 통해 이렇게 외치고 계세요. "죄를 심판하시고 의인을 구원하시는 하나님을 알라!" 죄를 심판하시지만 의인을 구원하시는 하나님을 알고 믿는 저와 여러분이 되길 기도해요.

창세기 9:11-13

| 제 목 | **다시 주어진 하나님의 명령**
| 포인트 | **하나님의 약속을 믿고, 그분의 명령을 지키라!**

1. **'예수빌리지 구약 1'** 학령기 **6과**의 성경 이야기 그림이 사용되었습니다.
2. 큐알 코드를 인식하면, **'도입 PPT'**를 내려받을 수 있습니다.

TIP. 설교문의 ▶ 표시된 곳에서 엔터키를 누르면 애니메이션 효과가 나타납니다.

('에드워드 3세'를 보여주며) 14세기 영국에 ▶ 에드워드 3세라는 왕이 있었어요. 그의 어머니 ▶ 이사벨라는 프랑스의 국왕이었던 필리프 4세의 딸이었어요. 이사벨라는

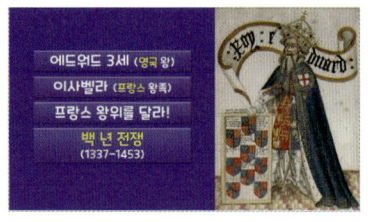

처음에 왕위를 물려받을 수 있었지만, 1316년 프랑스에 살리카법이 도입되면서 여왕이 될 수 없게 되었어요. 이 법으로 인해 여성의 왕위 계승이 금지되었기 때문이에요.

1328년 프랑스의 왕 샤를 4세가 죽자, 프랑스에 왕위를 요구할 수 없던 이사벨라는 아들인 에드워드가 자신을 대신해서 ▶ 왕이 되어야 한다고 주장했어요. 프랑스는 애초에 이사벨라에게 주어지지도 않은 왕위 계승권을 그 아들에게 줄 수 없다며 그녀의 말을 받아들이지 않았어요. 그런데 이후에 에드워드 3세가 자신이 프랑스 왕위를 받을 수 있다고 주장하면서, 프랑스와 영국의 전쟁이 시작되었어요. 프랑스의 왕위 계승을 두고 영국과 프랑스가 벌인 이 전쟁을 ▶ '백 년 전쟁'(1337-1453년)이라고 불러요.

('칼레 지도'를 보여주며) 전쟁이 한창이던 1374년, 영국군은 프랑스의 도시 ▶ '칼레'를 포위했어요. 칼레는 영국과 가장 가까운 프랑스의 도시예요. 영국에서 바다를

건너면 칼레에 갈 수 있는데, 그 거리는 약 34킬로미터에 불과해요. 그래서 로마의 율리우스 카이사르 역시 영국을 정복하러 갈 때 칼레를 중요한 도시로 정하기도 했어요.

칼레는 영국의 거센 공격을 1년 동안 잘 막아냈지만 결국 항복하고 말았어요. 영국 왕 에드워드 3세는 1년 동안 끈질기게 저항한 칼레 시민을 모두 죽이고 싶어 했어요. 하지만 신하들의 만류와 항복 사절단의 요청을 듣고 생각을 바꾸었어요. 그 대신 에드워드 3세는 모든 시민의 생명을 보장하되 그동안의 저항에 대해 누군가 책임을 져야 한다며, 대표로 여섯 명을 처형하는 조건을 내걸었어요.

에드워드 3세의 잔인한 조건을 듣고 칼레 시민들은 고민에 빠졌어요. 그런데 그때 자신이 책임을 지겠다고 앞에 나선 사람이 있었어요. 바로 당시 칼레에서 ▶ 가장 큰 부자였던 '생 피에르'였어요. 그는 자신이 영국군과 싸울 수 있도록 재정을 지원했다며 책임을 떠안고 첫 번째 희생자로 나섰어요. 이후 생 피에르를 시작으로 ▶ 시장, 상인, 법률가 등의 귀족들이 희생을 자처했어요.

처형이 시행되기 하루 전, 생 피에르는 다른 사람들이 흔들리지 않도록 자결했어요. 그리고 칼레의 부자들과 귀족들이 보여준 희생정신에 감복한 에드워드 3세는 칼레 시민에 대한 처형을 포기했어요.

여러분, 어떤 사람들은 이 이야기가 누군가에 의해 만들어진 것이라고도 말해요. 이 이야기가 진짜인지 가짜인지는 모르지만, 이 이야기와 함께 오늘날까지 전해지는 용어가 있어요. 바로 ▶ '노블레스 오블리주'예요. 이 말을 들어본 적이 있나요? 이 단어는 프랑스어로 ▶ '귀족은 의무를 갖는다'라는 뜻이에요. 다시 말해 높은 사회적 지위를 지닌 사람은 그에 상응하는 도덕적 의무와 사회적 책임을 갖는다는 말이에요.

'노블레스 오블리주'라는 말은 사회적으로 성공한 사람들이 마땅히 해야 하는 일이 있음을 알려줘요. 마찬가지로 하나님을 믿는 우리에게도 반드시 해야 할 일이 있지요. 그렇다면 하나님의 자녀인 우리가 꼭 해야 할 일은 무엇일까요? 이 질문에 대한 답을 함께 살펴볼게요. 다 같이 창세기 9장 11-13절을 읽어볼까요?

하나님은 사람들의 생각이 언제나 악한 것을 보시고 세상을 물로 심판하기로 하셨어요. 하지만 하나님은 노아를 구원하기로 하시고, 그에게 방주를 만들어 가족과  함께 방주에 타게 하셨어요. 비는 40일 동안 멈추지 않고 내렸어요. 150일 동안 땅에 넘쳐났던 물이 조금씩 줄어들기 시작했어요. 홍수 심판으로 노아의 그의 가족을 제외한 모든 사람이 죽었어요. 그러나 하나님은 노아에게 약속하신 대로 노아와 그의 가족, 그리고 방주에 탄 모든 동물을 지켜주셨어요.

시간이 지나 땅에 있던 물이 말랐고, 노아와 그의 가족은 하나님의 말씀(창 8:16)에 따라 방주에서 내렸어요. 방주에서 내린 노아와 가족이 한 일은 무엇인가요? 창세기  8장 20절을 보면, 그들이 예배를 드린 것을 알 수 있어요. 그들은 홍수 심판으로부터 지켜주신 하나님께 감사의 예배를 드렸고, 하나님은 노아의 예배를 기뻐하셨어요.

하나님은 노아와 그 아들들에게 자녀를 많이 낳고 번성하여 땅을 채우라고 말씀하셨어요(창 9:1). 하나님은 이전에 아담에게 하신 문화명령과 거의 똑같은 말씀으로 노아와 그의 아들들에게 명령하셨어요. 이것은 하나님이 세 번째로 인류를 축복하신 것이자(창 1:28, 5:2), 사람에게 "생육하고 번성하라"라고 하신 말씀이었어요(창 1:28, 8:17).

하나님은 노아에게 복을 주시고, 생육하고 번성하라고 말씀하시며 이렇게 약속하셨어요. "내가 너희와 언약을 세우리니 다시는 모든 생물을 홍수로 멸하지 아니할 것이라 땅을 멸할 홍수가 다시 있지 아니하리라"(창 9:11).

'언약'이라는 말은 약속이라는 말과 비슷해요. 다시 말해, 하나님은 다시는 홍수로 심판하지 않겠다고 노아와 약속하셨어요. 그리고 약속의 표시로 무지개를 보여주셨어요. 하나님은 노아에게 무지개를 보여주시면서 다시는 홍수로 심판하지 않고, 하나님의 백성들을 지키고 보호하시겠다고 약속하셨어요.

하나님이 노아에게 무지개를 보여주시면서 지켜주시겠다고 하신 약속은 우리에게도 해당돼요. 하나님은 하나님의 자녀들을 지키시는 분이세요. 우리가 교회에 오고, 담임 선생님과 친구들을 만나고, 함께 찬양하며 기도하고, 심지어 키가 자라고 다른 사람들에게 넓은 마음을 갖게 되는 것도 당연한 게 아니라 하나님이 우리를 지키시기 때문에 가능한 일이에요. 우리가 의식하지 못하더라도 하나님은 우리를 늘 보호해 주고 계세요.

또 하나님은 우리가 하나님의 명령, 즉 이 땅을 정복하고 번성하라는 명령을 지키기 원하세요. 하나님은 우리가 있는 곳에서 하나님의 백성다운 삶을 살며, 하나님을 사랑하고, 이웃과 화평하고, 자연을 보호하길 원하세요.

하나님은 오늘 말씀을 통해서 우리에게 이렇게 말씀하세요. **"하나님의 약속을 믿고, 그분의 명령을 지키라!"** 이 말씀을 굳게 믿는 저와 여러분이 되길 기도해요.

창세기 11:1-5

| 제 목 | 누가 가장 높은지 알고 있니?
| 포인트 | 하나님을 가장 높으신 분으로 인정하라!

1. '예수빌리지 구약 1' 학령기 7과의 성경 이야기 그림이 사용되었습니다.
2. 큐알 코드를 인식하면, **'도입 PPT'**를 내려받을 수 있습니다.

TIP. 설교문의 표시된 곳에서 엔터키를 누르면 애니메이션 효과가 나타납니다.

('송, 금 지도'를 보여주며) 중국의 옛 왕조 가운데 ▶ '송'과 '금'이라는 나라가 있어요. 두 나라는 힘을 합쳐 '요'나라를 물리쳤어요. 그런데 송나라는 요나라와 손을 잡고 금  나라를 공격하려고 했어요. 이 사실을 알게 된 금나라는 ▶ 송나라를 공격해서 송나라의 수도 개봉(카이펑)을 함락시켰어요. 그리고 송나라의 황제와 그의 가족을 포로로 끌고 갔어요. 당시 송나라의 황제였던 휘종에게는 ▶ 31명의 아들과 34명의 딸 등 총 65명의 자녀가 있었는데 대부분이 포로로 끌려가게 되었어요.

('남송, 금 지도'를 보여주며) 이때 다행히 송나라의 아홉 번째 왕자인 '조구'는 수도가 아니라 다른 곳에 머물고 있었어요. 그래서 포로로 끌려가지 않고, 지금의 항주에 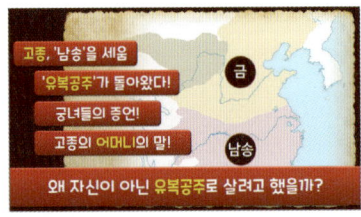 해당하는 도시에 ▶ '남송'이라는 나라를 세웠어요. 그가 바로 남송의 초대 황제인 '고종'이에요.

고종은 자신의 어머니를 포함하여 금나라에 포로로 끌려간 가족을 그리워했어요. 그런데 어느 날, 그의 잃어버린 가족 중의 한 명인 ▶ '유복공주'가 금나라에서 도망쳐 고종을 찾아왔어요. 유복공주는 휘종의 스무 번째 딸인데, 고종과는 어머니가 다른 동생이었어요. 그런 그녀가 가족 중에서 유일하게 돌아왔던 거예요. 고종은 유복공주를 아예 몰랐던 것은 아니지만, 어머니가 다른 동생이었고 왕실에 자녀들이 워낙 많았기 때문에 유복공주를 정확하게 기억하지는 못했어요. 그래서 고종은 유복공주가 진짜인지 가짜인지 확인할 필요가 있었어요.

유복공주는 고종의 어릴 적 이름을 알고 있었고, ▶ 나이가 많은 궁녀들 역시 그녀가 유복공주가 맞다고 인정했어요. 그런데 한 가지 의심스러운 점은 그녀의 발이 꽤 컸다는 것이었어요. 당시에는 여자의 발이 작아야 예쁘다고 생각해서 발이 커지지 않도록 했는데, 그녀의 발이 크니까 의심했던 거예요. 하지만 유복공주가 금나라에서 도망쳐 오던 중에 발이 엉망이 되었다는 이유로 유야무야 넘어가게 되었어요. 결국 그녀는 고종의 동생이라고 인정받고, 결혼도 하게 되고, 편하게 지낼 수 있도록 많은 것을 지원받았어요.

한편 금나라로 고종의 가족이 포로로 끌려간 지 15년이 지났을 때(1142년), 금나라와 송나라는 평화 조약을 맺었어요. 그러면서 포로로 끌려간 가족의 일부가 송나라로 돌아오게 되었는데, 그들 가운데 고종의 어머니인 '위현비'도 있었지요. ▶ 그런데 고종의 어머니가 유복공주에 대해 아주 충격적인 말을 했어요. 유복공주가 이미 금나라에서 죽었다고 말한 거예요. 고종은 자신이 유복공주라고 주장한 여인을 조사했어요. 그리고 결국 그녀가 누군가로부터 유복공주와 닮았다는 소리를 듣고 사람들을 속였다는 사실을 알게 되었어요.

여러분, 왜 그 사람은 자신이 유복공주라고 사람들을 속였을까요? ▶ 왜 자기 자신이 아닌 유복공주로 살려고 했을까요? 아마 신분이 높아지면 자기가 원하는 대로 살 수 있다고 생각했기 때문일 거예요. 사람들은 흔히 신분이 높아지면 자신이 원하는 것을 마음껏 하며 살 수 있고, 더 많은 사람에게 큰 영향을 미칠 수 있다고 생각해요. 그래서 높아지기를 원해요.

이것은 하나님의 자녀들인 우리도 마찬가지예요. 우리에게도 높아지고 싶은 마음이 찾아올 때가 있어요. 그렇다면 이런 마음이 우리 안에 있을 때 기억해야 할 진리는 무엇일까요? 오늘 말씀을 통해 살펴보기 원해요. 다 함께 창세기 11장 1-5절을 읽어보아요.

하나님이 물로 세상을 심판하신 후, 노아를 통해 이 땅에 사람들이 다시 많아졌어요. 그런데 많은 사람이 동쪽으로 움직이다가 오늘 우리가 읽은 '시날'이라는 지역의
평야를 발견했어요. 그리고 그들은 그곳에 모여 살기 시작했어요. 시날은 아브라함의 고향 근처라고 할 수 있어요. 어느 날, 시날 평야에 정착해서 살던 사람들이 한 가지 결정을 내렸어요. 오늘 본문 4절 말씀에서 알 수 있듯이, 성을 세워서 꼭대기가 하늘까지 닿는 탑을 쌓기로 했던 거예요.

그럼 왜 그들은 그렇게 높은 탑이 있는 성을 세우기를 원했을까요? 그들이 높은 탑이 있는 성을 쌓으려고 했던 첫 번째 이유는 자신들의 이름을 널리 알리기 위해서였
어요. 성경을 보면 알 수 있듯이, 사람의 이름을 높이고 영화롭게 하시는 분은 하나님 한 분밖에 없어요(사 63:14). 하나님은 아브라함의 이름을 빛나게 해주겠다고 말씀하셨고(창 12:2), 또 다윗의 이름을 유명하게 해주겠다고 말씀하셨어요(삼하 7:9). 그런데 시날에 모인 사람들은 자신들의 이름을 스스로 널리 알리려고 했어요. 높은 탑을 지으려는 그들의 동기에 문제가 있었던 것이죠.

그들이 높은 탑이 있는 성을 쌓으려고 했던 두 번째 이유는 온 땅에 흩어지지 않도록 하기 위해서였어요. 여러분, 흩어지지 않고 모여서 살겠다는 말이 잘못된 것일까요? (대답을 들은 후) 창세기 말씀을 통해 보면 이 말은 잘못되었어요. 하나님이 아담과 하와에게, 그리고 노아에게 생육하고 번성하며 땅에 가득하라고 말씀하셨기 때문이에요. 하나님은 사람들이 온 땅에 흩어져서 땅을 채우기를 원하셨는데, 오늘 본문에 나오는 사람들은 하나님의 뜻을 거부하고 한곳에 모여서 살기를 원했어요. 그들은 하나님의 명령을 거부하고 탑을 쌓아 올렸어요.

하나님은 시날 땅에 지어지고 있는 바벨탑을 보러 오셨어요. 사람들은 하늘까지 닿는 높은 탑을 쌓으려고 했지만, 제아무리 높은 탑을 쌓으려고 해도 하나님께는 미  치지 못했어요. 탑을 쌓는 사람들의 악한 마음을 아셨던 하나님은 그들을 심판하셨어요. 다만 노아에게 주신 언약 때문에 물로 세상을 심판하시지는 않았어요. 하나님은 그때까지 하나의 언어로 의사소통하고 있었던 사람들의 언어를 흩으셨어요. 하나님이 심판하시기 전만 해도 언어는 하나였는데, 갑자기 다양한 언어가 생겨났고, 사람들은 서로 말이 통하는 사람들과 함께 흩어져서 살게 되었어요. 이때부터 다양한 민족들이 등장하게 되었지요.

여러분, 죄에 물든 사람들은 하나님처럼 높아지려고 해요. 사람들은 자신의 신분이 높아져서 다른 사람들보다 더 많은 것을 갖고, 더 많은 혜택을 누리길 원해요. 하지만 하나님은 오늘 말씀을 통해 우리에게 이렇게 말씀하세요.  "하나님을 가장 높으신 분으로 인정하라!"
이 세상에 하나님보다 높은 분은 없어요. 우리는 이 사실을 기억하고, 하나님을 가장 높으신 분으로 인정하며 살아야 해요. 그러한 삶을 사

는 저와 여러분이 되길 기대해요. ●

창세기 18:1-7

| 제 목 | 하나님의 약속은 반드시 이루어진다!
| 포인트 | 하나님은 약속을 반드시 이루시는 분이심을 믿으라!

1. '예수빌리지 구약 1' 학령기 9-10과의 성경 이야기 그림이 사용되었습니다.
2. 큐알 코드를 인식하면, '도입 PPT'를 내려받을 수 있습니다.
TIP. 설교문의 ▶ 표시된 곳에서 엔터키를 누르면 애니메이션 효과가 나타납니다.

참고자료

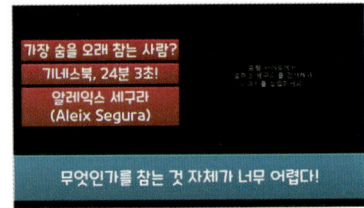

('알레익스 세구라'를 보여주며) 여러분은 물속에서 숨을 어느 정도 참을 수 있나요? 아마 보통 1분 정도는 참을 수 있을 것 같아요. 2016년에 ▶ 세계에서 숨을 가장 오래 쉬지 않기로 기네스북에 오른 사람이 있는데, 그는 얼마 동안 숨을 참고 있었을까요? (대답을 들은 후) ▶ 무려 24분 3초 동안이라고 해요. 이 엄청난 기록을 세운 사람은 스페인의 ▶ '알레익스 세구라'로, 그는 전문적인 훈련을 받은 다이버였어요. 혹시 이 기록을 듣고 선뜻 도전해 보려는 생각은 하지 말아야 해요. 그는 특별한 훈련을 받았기 때문에 이 기록이 가능하지만, 보통 사람들은 2-3분 숨을 참는 것도 어려우니까요.

여러분, 숨을 참는 것은 이렇게 어려운 일이에요. 그런데 가만히 생각해 보면 숨을 참는 것만 어려운 게 아니라, ▶ 무언가를 참는 것 자체가 어려운 일이에요. 여러분에게도 분명 참기 어려운 일이 있을 거예요. 그것이 무엇인가요? (대답을 들은 후) 만약 여러분의 ▶ 부모님이 생일 선물로 ▶ 핸드폰을 사주기로 했다거나, 여름에 ▶ 가족 여행을 가기로 했다고 생각해 보세요. 그날이 엄청나게 기다려져서 그때까지 참고 기다리기가 정말 쉽지 않을 거예요.

하지만 이런 약속들은 약속이 이루어질 날이 정해져 있어요. 내 생일이나 여름휴가는 날짜가 정해져 있으니까요. 그런데 언제 이루어질지 모르는 약속은 어떨까요? 누군가 핸드폰을 사주겠다고는 했는데 그때가 언제인지 모른다면 어떨까요? 가족 여행을 가기로 했는데 그 날이 언제인지 모른다면 어떨까요? 약속을 했지만 약속이 이루어질 날짜가 정해져 있지 않다면, 그것을 참고 기다리는 것은 아주 어렵고 답답한 일일 거예요.

우리는 하나님의 말씀을 듣고 읽으면서 ▶ 하나님의 약속을 배워요. 예를 들어, ▶ "하나님이 너를 보호하셔." ▶ "하나님이 너를 인도하실 거야"라는 말들이 그렇지요. 그런데 이런 말을 듣더라도 하나님이 나를 지키시거나 인도하신다는 생각이 들지 않을 수도 있어요. 하나님의 약속이 정말 이루어질지 믿지 못하는 마음은 우리가 사는 동안 언제라도 들 수 있어요. 하나님의 약속에 대한 의심이 들 때, 우리는 어떻게 해야 할까요? 이 질문에 주시는 답을 오늘 말씀을 통해 살펴보기 원해요. 창세기 18장 1-7절 말씀을 다 함께 읽어보아요.

아브라함은 하나님의 명령에 따라 갈대아 우르를 떠나 하란에 왔어요. 하란에서 아브라함의 아버지인 데라가 죽고 난 후, 하나님은 하란에 머물고 있던 아브라함에게 큰 나라를 만들어주겠다고 약속하셨어요(창 12:2). 이 약속은 하나님이 아브라함에게 아들을 주셔서 그로 인해 큰 민족을 이루게 하시는 것을 의미했어요. 아브라함은 하나님의 말씀대로 하란을 떠나 약속의 땅 가나안으로 내려갔어요. 그때 아브라함의 나이는 75세였어요. 아브라함이 가나안 땅에 도착했을 때, 하나님은 아브라함에게 이 땅을 네 자손에게 줄 것이라며 다시 약속하셨어요(창 12:7).

이후 가나안에 가뭄이 들자, 아브라함은 이집트에 갔다가 다시 가나안으로 돌아왔어요. 하나님은

아브라함에게 환상 중에 나타나셔서 그의 자손이 별들처럼 많아질 것을 재차 약속하셨어요(창 15:5). 지금까지 하나님은 최소 세 번 아브라함에게 그의 자손에 대해 약속하셨던 거예요. 그런데 하나님이 아브라함에게 하신 약속은 10년이 지나도 이루어지지 않았어요. 이제 아브라함의 나이가 85세였지만, 아브라함과 사라에게는 아들이 없었어요. 큰 나라는커녕 자식 한 명이 없었던 거예요. 결국 아브라함과 사라는 자신의 후손이 끊길 것을 염려해서, 하갈이라는 여자를 통해 아브라함이 86세일 때 이스마엘을 낳았어요(창 16:16).

그런데 13년의 시간이 흘러, 아브라함이 99살이 되었을 때, 하나님이 아브라함에게 다시 말씀하셨어요. 내가 너와 언약을 세워 너에게 수많은 자손을 주겠다고 약속하시고(창 17:2), 약속을 반드시 이루시겠다는 의미로 그의 이름을 '아브람(아버지+높임을 받다)'에서 '아브라함(많은 이의 아버지)'으로 바꿔주셨어요. 이후에 하나님은 아브라함에게 세 사람을 보내셔서 내년 이맘때쯤 사라에게 아들이 생길 것이라고 말씀하셨어요(창 18:10).

사라는 하나님이 보내신 세 사람이 하는 이야기를 밖에서 들었어요. 이때 사라가 보인 반응은 '웃음'이었어요. 사라는 왜 웃었을까요? 좋은 말이라 웃은 것도 아니고 너무 행복해서 웃은 것도 아니었어요. 사라는 자신이 나이가 들어서 아이를 낳을 수 없다고 생각했기 때문에 너무 황당해서 웃었던 거예요. 그때 아브라함의 나이는 99살, 사라의 나이는 89살이었고, 성경에는 사라가 아이를 낳을 수 없는 나이라고 기록되어 있어요(창 18:11). 사람의 방법으로는 아이를 낳을 수 없는 나이가 맞으니까요. 이때 사라가 웃은 것으로 인해 사라가 낳을 아들의 이름이 정해졌어요. '웃음'이라는 뜻의 '이삭'이 그의 이름이었지요.

하나님은 아브라함에게 자손을 주시겠다고 여러 번 약속하셨어요. 하지만 10년이 지나도 약속은 이루어지지 않았어요. 아브라함은 86세에 하갈을 통해 낳은 이스마엘이 있었지만, 사라를 통해서 낳은 아들은 없었어요. 여러분이 아브라함이라면 어떤 생각이 들었을까요? 약속은 했는데 약속이 이루어지지 않고 계속 미뤄지고 있다면요. 하나님이 나를 속이신 게 아닐까 하는 생각이 들지 않았을까요? 아브라함이 99세의 할아버지가 됐는데, 아들을 낳을 거라는 약속을 아브라함과 사라는 믿기 어려웠을 것 같아요.

그런데 놀랍게도 내년에 사라가 아들을 낳을 것이라는 약속대로 아브라함의 나이 100세, 사라의 나이 90세에 아들 이삭이 태어났어요. 아브라함과 사라는 그들에게 절대 그런 일이 일어날 수 없다고 생각했어요. 예나 지금이나 그 나이에 아이를 낳는 것은 불가능한 일이지만, 그 불가능한 일이 두 사람에게 일어났어요.

여러분, 하나님의 약속은 반드시 이루어져요. 하나님은 자신의 능력으로는 아이를 낳을 수 없는 두 사람에게 아들을 선물로 주셨어요. 하나님은 불가능한 것이 없고 이루지 못할 것이 없는 능력의 하나님이세요.

하나님은 오늘 말씀을 통해서 우리가 이 진리를 기억하길 원하세요. **"하나님은 약속을 반드시 이루시는 분이심을 믿으라!"** 아브라함에게 약속하시고, 그 약속을 지키신 하나님은 우리와 함께하시겠다고 약속하셨어요. 그런데 때로는 하나님의 약속이 이루어지지 않는 것처럼 보일 때가 있어요. 너무 외롭고 힘들어서 하나님이 약속을 지키시지 않는다고 느껴질 수도 있어요. 하지만 그것은 아직 하나님의 약속이 이루어질 때가 되지 않은 것뿐이에요. 하나님은 스스로 하신 약속을 반드시 지키시는 분이세요. 이 진리를 믿는 저와 여러분이 되길 기도해요.

창세기 22:1-8

| 제 목 | **믿음으로 시험을 통과해!**
| 포인트 | **어떤 상황에서도 믿음으로 살라!**

1. '예수빌리지 구약 1' 학령기 11과의 성경 이야기 그림이 사용되었습니다.
2. 큐알 코드를 인식하면, **'도입 PPT'**를 내려받을 수 있습니다.

TIP. 설교문의 ▶ 표시된 곳에서 엔터키를 누르면 애니메이션 효과가 나타납니다.

참고 자료

여러분, '다이아몬드'라는 보석에 대해 잘 알고 있나요? 다이아몬드는 0.2그램에 수백만 원에서 천만 원이 넘을 정도로 비싼 보석이에요. 여러분에게 세상에서 가장

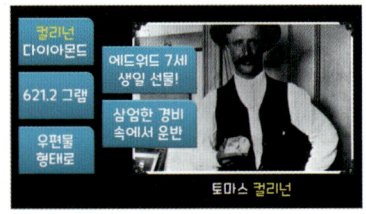

큰 다이아몬드를 보여줄게요. ('토마스 컬리넌'을 보여주며) 이 다이아몬드는 1905년에 남아프리카 공화국의 한 광산에서 발견되었어요. ▶ '토마스 컬리넌'이라는 사람의 이름을 딴 광산에서 나왔기 때문에, ▶ '컬리넌 다이아몬드'라고 불리게 되었지요.

이 다이아몬드와 관련된 재미있는 이야기가 있어요. 당시 남아프리카 공화국은 영국의 식민지였는데, 식민지 정부는 영국 국왕 ▶ 에드워드 7세의 생일을 맞아 이 다이아몬드를 구입해서 영국으로 보내기로 했어요. 그런데 컬리넌 다이아몬드는 ▶ 621.2그램으로 크기가 컸기 때문에 이것을 노리는 도둑들이 많았어요. 다이아몬드를 배송하는 책임을 맡은 보험회사도 그런 사실을 모를 리가 없었어요. 그래서 보험회사는 다이아몬드를 어떻게 안전하게 옮길지 고민했어요.

그들은 아주 기발한 아이디어를 생각해 냈어요. 먼저 다이아몬드를 옮길 두 개의 상자를 만들었어요. 그래서 하나는 컬리넌 다이아몬드와 비슷한 크기와 무게의 평범한 돌멩이를 아주 꼼꼼하게 포장하고, 영국에서 파견된 형사들의 ▶ 삼엄한 경비 속에서 옮기게 했어요. 그리고 다른 상자에는 진짜 컬리넌 다이아몬드를 담아 지금의 일반 ▶ 우편물 형태로 영국에 보냈어요. 마침내 컬리넌 다이아몬드는 영국에 무사히 도착했어요. 지금도 이 다이아몬드는 영국 국왕의 '셉터'라고 하는 지팡이에 끼워져서 국보로 보관되고 있어요.

('컬리넌 다이아몬드'를 보여주며) 여러분, 보통 광산에서 다이아몬드를 ▶ 1톤 정도 발견하면, 그중에 보석으로 인정받는 다이아몬드는 1그램 정도밖에 안 된다고 해요.

이처럼 다이아몬드는 그 가치가 높기 때문에 가짜도 많아요. ▶ 진짜 다이아몬드와 가짜 다이아몬드를 구별하는 몇 가지의 방법이 있는데, 그중에 가장 간편하면서도 확실한 방법은 바로 ▶ '포그 테스트'예요. 안경을 쓰는 친구들은 알겠지만, 안경을 닦을 때 어떻게 하나요? 렌즈에 입김을 불어서 닦지요. 포그 테스트도 이와 같아요.

진짜 다이아몬드는 열 전도성이 뛰어나요. 그래서 열을 금방 분산시켜서 차가움이 오래 유지되고, 열을 받더라도 열이 금방 빠져나가는 특징이 있어요. 열을 빠르게 분산시켜서 그 자체의 온도를 빠르게 회복하는 것이지요. 반면에 가짜 다이아몬드에 입김을 불면, 거기에 입김이 서려서 몇 초 동안 사라지지 않아요. 하지만 진짜 다이아몬드는 입김이 거의 서리지 않을 뿐 아니라, 입김이 서려도 금방 사라져요. ▶ 아주 간단하지만 이 테스트로 진짜와 가짜를 구별할 수 있어요.

다이아몬드뿐 아니라 우리의 믿음도 진짜인지 확인하기 위해 하나님의 테스트를 받게 될 때가 있어요. 하나님은 테스트를 통해 우리가 도저히 이해할 수 없는 상황을 경험하게 하세요. "어? 나에게 왜 이런 일이 생기지? 왜 하나님이 내게 이런 어려움을 주실까? 이건 도저히 내가 이해할 수 없는데…." 이러한 생각이 들 만큼 어려운 상황이 눈앞에 닥칠 때가 있지요. 이런 상황을 맞닥뜨릴 때, 우리가 기억해야 할 진리는 무엇일까요? 이 질문에 대한 답을 오늘 말씀을 통해 살펴보기 원해요. 다 함께 창세기 22장 1-8절을 읽어보아요.

하나님은 약속대로 아브라함이 100세, 사라가 90세일 때 그들에게 아들 이삭을 주셨어요. 아브라함에게 이삭은 어떤 존재였을까요? 두 말 할 필요 없이 너무 소중한 존재여서, 이삭을 보기만 해도 행복했을 거예요. 아이를 낳을 수 없는 나이였는데 기적적으로 하나님이 주신 아들이기 때문에 더 귀하게 여겼을 거예요.

그런데 어느 날, 하나님이 아브라함의 믿음을 시험하셨어요. 하나님은 아브라함에게 "네 아들 네 사랑하는 독자 이삭을 데리고 모리아 땅으로 가서 내가 네게 일러 준 한 산 거기서 그를 번제로 드리라"(창 22:2)라고 말씀하셨어요.

번제는 보통 하나님께 새나 양 같은 짐승을 제물로 태워드리는 제사를 말해요. 그런데 하나님은 짐승이 아니라 아브라함이 100세에 낳은 이삭을 번제물로 바치라고 하셨어요. 하나님의 말씀을 들은 아브라함의 반응은 어떠했을까요?

충격적인 말씀을 들은 아브라함은 아침에 일찍이 일어나 나귀에 안장을 지우고 번제를 드리러 갈 채비를 했어요. 아브라함은 브엘세바에 살고 있었는데, 하나님이 가라고 명하신 모리아산은 거기로부터 약 60킬로미터 떨어진 예루살렘에 있었어요. 아들을 번제물로 바치라는 하나님도 이해가 안 되고, 아들을 번제물로 바치기 위해 떠나는 아브라함도 이해가 되지 않아요.

아브라함은 제물로 바칠 이삭과 두 명의 종과 함께 제사에 필요한 나무를 가지고 하나님이 말씀하신 모리아산으로 향했어요. 그리

고 출발한 지 3일째 되던 날 모리아산에 도착했어요. 아브라함은 두 종과 나귀를 두고, 이삭에게 번제에 쓸 장작을 가져가게 하고는 불과 칼을 챙겨갔어요. 그때 이삭이 아브라함에게 불과 장작은 있는데, 번제로 바칠 양은 어디에 있는지 물어봤어요. 아브라함은 번제할 어린 양은 하나님이 친히 준비하실 거라고 대답했어요.

하나님이 알려주신 곳에 아브라함과 이삭이 도착했어요. 아브라함은 그곳에 제단을 쌓고 장작을 놓은 후, 놀랍게도 사랑하는 아들을 묶어서 제단 나무 위에 올려놓았어요. 그리고 칼을 들어 이삭을 죽이려고 했어요. 그런데 그때, 천사가 급하게 아브라함을 부르며 말했어요. "그 아이에게 네 손을 대지 말라 그에게 아무 일도 하지 말라 네가 네 아들 네 독자까지도 내게 아끼지 아니하였으니 내가 이제야 네가 하나님을 경외하는 줄을 아노라"(창 22:12).

아브라함은 나무에 뿔이 걸려 있는 양 한 마리를 보았어요. 그는 이삭 대신 그 양을 잡아서 하나님께 번제를 드렸어요. 아브라함은 이 일을 기념하기 위해 그곳을 '여호와 이레'라고 불렀어요. 이 말은 '여호와의 산에서 준비될 것이다'라는 뜻이에요. 하나님이 번제물로 사용할 양을 미리 준비하셨기 때문에 이런 이름을 붙였던 거예요.

하나님은 훌륭한 믿음을 가진 아브라함에게 복을 주시고 많은 자손을 주시겠다고 다시 한 번 이렇게 약속하셨어요. "내가 네게 큰 복을 주고 네 씨가 크게 번성하여 하늘의 별과 같고 바닷가의 모래와 같게 하리니 네 씨가 그 대적의 성문을 차지하리라"(창 22:17).

여러분, 아브라함은 하나님을 향한 믿음이 있는 사람이었어요. 그렇기 때문에 그와 함께 갔던 두 명의 종들에게 "우리가" 다시 돌아오겠다고 말할 수 있었어요. 아브라함은 도저히 이해할 수 없는 상황에서도 하나님이 불가능한 일을 가능하게 하시고, 약속을 반드시 이루시는 분이라는 것을 믿었어요. 그래서 하나님의 말씀에 순종할 수 있었어요.

우리도 아브라함처럼 하나님의 테스트를 받을 수도 있어요. 도저히 이해가 되지 않는 상황을 만날 때 우리는 어떻게 해야 할까요? 하나님은 오늘 말씀을 통해 이렇게 말씀하고 계세요. **"어떤 상황에서도 믿음으로 살라!"** 우리가 마주하는 어떤 상황에서도 하나님을 향한 믿음으로 사는 저와 여러분이 되길 기도해요.

창세기 28:11-15

| 제 목 | 내가 너와 함께할 거야!
| 포인트 | 함께하시고 지켜주시는 하나님을 믿으라!

참고 자료

1. '예수빌리지 구약 1' 학령기 13과의 성경 이야기 그림이 사용되었습니다.
2. 큐알 코드를 인식하면, '도입 PPT'를 내려받을 수 있습니다.

TIP. 설교문의 ▶ 표시된 곳에서 엔터키를 누르면 애니메이션 효과가 나타납니다.

('스리랑카 지도'를 보여주며) 인도 남쪽에 있는 ▶ '스리랑카'라는 나라를 들어본 적이 있나요? 스리랑카에는 '시기리야'라는 아주 유명한 관광지가 있어요. ▶ 시기리야

는 '사자바위'란 뜻으로, 사자의 모습을 한 높은 절벽과 그 일대를 말해요. 이곳은 해발 약 370미터 높이에 위치해 있어 하늘 위에 떠있는 것처럼 보이는 요새예요. 이 시기리야의 정상은 올라가는 길이 좁기도 하고, 암벽을 타고 올라가야 하기 때문에 ▶ 오르기가 쉽지 않아요. 하지만 관광객들은 ▶ 정상에 있는 유적지를 보기 위해 기꺼이 올라가요. 시기리야는 이 험준한 곳에 어떻게 만들어지게 되었을까요?

('시기리야'를 보여주며) 지금부터 약 1,500년 전, 스리랑카의 중앙 지역에는 ▶ '아누라다푸라'라는 고대 국가가 있었어요. 그 나라에는 ▶ '다투세나'라는 왕이 있었고, 그에

게는 2명의 아들이 있었어요. ▶ 평민이었던 아내에게서 낳은 ▶ 첫째 아들 '카사파'와, ▶ 왕족인 부인에게서 얻은 ▶ 둘째 아들 '목갈라나'가 바로 그들이었어요.

카사파는 자신이 첫째 아들이지만 왕족 출신이 아니기 때문에, 왕족 출신인 동생이 아버지의 뒤를 이어 왕이 될 것을 걱정했어요. 그래서 그는 아버지를 죽인 뒤 왕이 되었고, 왕이 된 후에는 동생이 가진 재산까지 다 빼앗아버렸어요.

자신이 원하는 대로 아버지를 죽이면서까지 왕이 되고 동생의 재산

을 빼앗았지만, ▶ 그때부터 카사파에게 찾아온 것은 두려움이었어요. 무엇이 두려웠을까요? 그는 동생이 복수하기 위해 사람들을 모아서 쿠데타를 일으킬 것을 무서워했어요. 동생이 자신을 죽이고 왕이 될까봐 두려웠던 거예요.

카사파는 동생이 자신을 죽이거나, 자신이 있는 곳으로 쳐들어오지 못하도록 난공불락의 요새를 만들었어요. 그래서 시기리야 정상에 왕궁을 지었고, 그곳에서 11년 동안 살았어요.

요새를 만들어서 자신을 지키려고 했지만, 카사파는 나중에 인도로 망명했던 동생으로부터 공격을 받았어요. 결국 495년에 일어났던 짧은 전쟁에서 패배한 후 카사파는 스스로 목숨을 끊고 말았어요. 그는 왜 난공불락의 요새인 시기리야를 만들었나요? 그리고 무엇 때문에 자살하게 되었나요? 바로 두려움 때문이었어요.

여러분, 한 나라에서 최고의 권력과 힘을 가진 왕이 되면 두려운 것이 없을까요? 세상에서 공부를 제일 잘하면 두려움이 없을까요? 세상에서 돈이 제일 많으면 두려움이 없을까요? (대답을 들은 후) 그렇지 않아요. 모든 사람은 두려움을 느껴요.

하나님의 자녀인 우리에게도 두려움이 있어요. 여러분은 무엇이 두려운가요? 그리고 두려움이 찾아올 때, 우리는 그 두려움을 어떻게 이겨낼 수 있을까요? 이 질문에 대한 답을 오늘 말씀을 통해서 살펴보려고 해요. 창세기 28장 11-15절을 다 함께 읽어보아요.

야곱은 아버지 이삭에게 장자의 축복을 받았어요. 장자의 축복을 별로 중요하게 생각하지 않아서 음식과 장자권을 바꿔버린 에서나, 아버지와 형을 속이면서 장
자의 축복을 받은 야곱이나 하나님의 축복을 받을 자격은 없어요. 하지만 하나님은 이미 두 사람이 태어나기 전에 큰 사람이 작은 사람을 섬기게 될 것이라는 약속대로 야곱에게 복을 주셨어요.

에서는 야곱에게 속아서 복을 받지 못하게 되었어요. 화가 난 에서는 야곱에게 복수하려고 했어요. 어머니 리브가는 이 사실을 알게 되었고, 야곱에게 삼촌 라반이 있는 '밧단아람'으로 떠나라고 말했어요. 그렇게 야곱은 가족을 떠나서 라반이 있는 밧단아람으로 갔어요. 야곱이 살던 '브엘세바'에서 라반이 사는 밧단아람까지의 거리는 약 800킬로미터인데, 서울에서 부산까지 왕복할 정도로 먼 거리예요.

오늘 우리가 읽은 말씀은 야곱이 브엘세바를 출발한 지 얼마 안 되어 그에게 일어난 일을 기록하고 있어요. 야곱은 브엘세바를 출발해서 '루스'라는 곳에 도착했어요. 이곳은 브엘세바로부터 약 80킬로미터 떨어진 곳이었어요. 아마도 야곱이 이곳까지 가는데 적어도 3-4일은 걸렸을 거예요.

여러분, 야곱의 성격은 어땠나요? (대답을 들은 후) 야곱은 형 에서처럼 사냥을 즐겨 하거나 활동적인 사람이 아니었어요. 그런 야곱이 가족을 떠나서 먼 곳까지 혼자 여행을 가는 게 어땠을까요? 야곱이 떠난 길은 가로등이 밝게 비춰주지도 않았고, 곳곳에 경찰들이 있어서 안전을 보장해 주지도 않았어요. 야곱은 위험을 감수하고 외롭게 집을 떠났어요.

또 야곱의 상황은 어땠나요? 좋은 일로 가는 것도 아니고, 형을 피해서 급하게 도망가는 상황이었어요. 야곱은 큰 두려움을 느끼며 밧단아람을 향해서 가고 있었을 거예요. 그런 야곱이 한밤중에 돌을 베개로 삼아 잠을 잤어요.

돌베개를 베고 잠든 야곱은 꿈속에서 땅과 하늘을 연결하는 사다리를 봤어요. 하나님의 천사들이 그 사다리를 오르락내리락 하는 것을 보았어요. 그때 사다리 위에  서 하나님의 음성이 들렸어요. "내가 너와 함께 있어 네가 어디로 가든지 너를 지키며 너를 이끌어 이 땅으로 돌아오게 할지라 내가 네게 허락한 것을 다 이루기까지 너를 떠나지 아니하리라 하신지라"(창 28:15).

잠에서 깬 야곱은 하나님이 그곳에 함께하신다는 것을 깨달았어요. 하나님이 자신에게 꿈을 주셨고, 그 꿈을 통해서 자신을 지키시고 함께하신다고 약속하신 것을  깨달았어요. 야곱은 이 약속의 말씀을 주신 하나님에 대한 믿음이 생겼어요.

야곱은 자신이 베개로 삼았던 돌을 기둥으로 세워서 그 위에 기름을 부었어요. 그리고 그곳을 '벧엘'이라고 불렀어요. 벧엘은 '하나님의 집'이라는 뜻이에요. 원래 이곳의 이름은 '루스'였는데, 야곱이 이곳을 벧엘이라고 불렀고, 그 후로 성경에서 벧엘로 불리게 되었어요. 그래서 벧엘은 하나님이 지금 이곳에서 나와 함께 계시고, 앞으로도 함께하셔서 나를 지키실 것이라는 믿음의 고백이 담긴 이름이에요. 가족과 떨어져 살면서 마음이 외롭고 힘들 때, 혼자서 두려운 마음이 들 때 야곱은 어떻게 극복했을까요? 내가 너와 함께하며 너를 지키고 떠나지 않겠다고 하신 하나님의 약속을 기억했을 거예요.

여러분, 우리는 살면서 두려움을 느낄 때가 많아요. 내 편도 없고, 나를 위로해 줄 사람도 없다고 느낄 때가 있지요. 나 혼자만 남겨진 것 같은 생각이 들 때도 있어요. 하지만 그때마다 오늘 말씀을 기억한다면 다시 힘을 얻을 수 있을 거예요. 하나님은 오늘 우리에게 이렇게 말씀하고 계세요. **"함께하시고 지켜주시는 하나님을 믿으라!"** 항상 우리와 함께하시고, 우리를 지켜주시는 하나님을 믿는 저와 여러분이 되길 기도해요. ●

창세기 31:1-3

| 제 목 | 하나님의 약속이 이루어진 야곱의 인생
| 포인트 | 우리를 변화시켜 약속을 이루시는 하나님을 기대하라!

참고자료

1. '예수빌리지 구약 1' 학령기 14과의 성경 이야기 그림이 사용되었습니다.
2. 큐알 코드를 인식하면, '도입 PPT'를 내려받을 수 있습니다.

TIP. 설교문의 ▶ 표시된 곳에서 엔터키를 누르면 애니메이션 효과가 나타납니다.

('퍼즐 조각'을 보여주며) 2016년, ▶ 스페인 남쪽에 '알헤시라스'라는 도시에서 ▶ 세계 최대 크기의 퍼즐이 전시되었어요. 이 퍼즐은 조각들을 맞추어가는 ▶ '직소퍼즐'

의 형태였는데, '직소'는 영어로 '실톱'을 의미해요. 나무판 위에 그림을 그린 후에 실처럼 가는 톱으로 잘라내 퍼즐을 만들었다고 해서 붙여진 이름이지요.

('완성된 퍼즐'을 보여주며) 당시 세계 최대 크기를 자랑한 이 퍼즐은 ▶ 가로가 약 7미터, 세로가 2미터에 이르고, 개수는 무려 ▶ 총 40,320개에 달했어요. 이 퍼즐은

독일의 퍼즐 전문 업체인 라벤스부르거가 '디즈니의 잊지 못할 순간들'이라는 제목으로 ▶ 디즈니 만화의 명장면 10개를 퍼즐 조각으로 만든 것이었어요.

퍼즐 맞추기를 좋아하는 친구는 손을 한번 들어볼까요? (시간을 준 후) 여러분은 퍼즐 조각을 몇 개까지 맞추어봤나요? 그리고 몇 시간 동안 퍼즐 조각을 맞출 수 있을 것 같나요? 자, 그렇다면 세계 최대 크기의 이 퍼즐을 다 맞추는 데 시간이 얼마나 걸릴까요? (대답을 듣는다.)

당시 덴마크의 한 학생이 이 퍼즐을 다 맞추었는데, 완성하기까지 460시간이 소요되었어요. 460시간이면, 하루에 8시간씩 약 58일 동안 퍼즐 앞에 있어야 하는 시간이에요. 거의 두 달을 퍼즐을 맞추는 데만 사용한 거예요. 또 이 퍼즐을 맞췄던 스페인 퍼즐협회 회원 60

명은 돌아가면서 퍼즐을 맞추었고, 퍼즐을 완성하는 데 꼬박 48시간이 걸렸다고 해요. 이렇게 퍼즐 하나에 많은 시간과 열정을 쏟는 사람들이 신기할 뿐이에요.

작은 퍼즐 조각을 하나씩 맞춰서 마침내 큰 그림을 완성하는 것은 즐겁고 흥미로운 일이에요. 이렇게 작은 조각들이 모여서 큰 그림을 만드는 것처럼, 일상의 수많은 작은 일들이 모여 우리의 삶을 채워가고 있어요. 학교에서 공부하는 것, 친한 친구와 놀이터에서 놀거나, 함께 편의점에 가서 음료수를 사 먹는 것, 교회에서 예배드리는 것, 성가대로 서는 것 등 많은 일이 하나씩 합쳐져 삶을 이루고 있지요.

그런데 우리 삶의 많은 조각 중에서 어떤 조각은 내 기대와는 전혀 다른 형태로 생겨나기도 해요. 하나님을 믿는 내게 왜 이런 일이 일어나는지, 하나님이 살아 계시다면 왜 이런 일이 일어나는지 알 수 없는 일들이 찾아오지요. 그럴 때 우리는 어떻게 해야 할까요? 하나님은 그런 상황에서 우리가 어떻게 하기를 원하실까요? 이 질문에 대한 답을 오늘 말씀을 통해 살펴보기 원해요. 다 함께 창세기 31장 1-3절을 읽어보아요.

야곱은 자신을 죽이려 하는 에서를 피해 밧단아람에 있는 삼촌 라반에게로 갔어요. 거기서 야곱은 열심히 삼촌의 가축을 돌보는 일을 하며 살아가고 있었어요. 라반
에게는 두 명의 딸이 있었는데 야곱은 그중에서 동생인 라헬을 사랑했어요. 라반은 야곱에게 7년 동안 열심히 일하면 라헬과 결혼시켜 주겠다고 약속했어요. 야곱은 최선을 다해 열심히 일했고 7년이 지나라헬과 결혼하게 되었어요.

그런데 결혼하고 나서 보니까 야곱은 라헬이 아니라 언니인 레아와 결혼한 것을 알게 되었어요. 야곱이 신부를 만난 때가 캄캄한 밤이라 신부가 누구인지 알아볼 수 없었던 거예요. 형과 아버지를 속여서 장자의 축복을 받았던 야곱은, 인과응보처럼 삼촌에게 속임을 당하고 말았어요. 라반은 언니보다 동생이 먼저 결혼할 수 없다며, 야곱에게 7년을 더 일하면 라헬과 결혼하게 해주겠다고 했어요. 야곱은 라헬을 사랑했기 때문에 7년을 더 열심히 일했고, 마침내 라헬과 결혼하게 되었어요.

사실 야곱은 삼촌 라반의 집에 머물렀던 20년 동안, 라반에게 열 번도 넘게 속았어요. 창세기 31장 7절에서 야곱은 레아와 라헬에게 그들의 아버지가 자신의 품삯을 열 번이나 속였다고 말하고 있어요. 야곱에게는 억울하고 속상한 일들이 많았어요. 하지만 하나님은 늘 야곱과 함께하셨고, 하나님의 약속을 이을 사람으로 야곱을 조금씩 변화시켜 가셨어요.

야곱은 레아와 라헬을 포함한 네 명의 아내를 통해 열두 명의 아들을 낳았어요. 삼촌의 집에 올 때는 혼자였는데, 20여 년이 지나는 동안 야곱에게는 많은 식구가 생겼어요. 그뿐 아니라, 하나님이 야곱과 함께하셨기 때문에 야곱은 큰 부자가 되었어요. 창세기 30장 43절은 이렇게 기록되어 있어요. "이에 그 사람이 매우 번창하여 양 떼와 노비와 낙타와 나귀가 많았더라."

하나님이 야곱에게 하신 약속들은 대부분 이루어졌어요. 하지만 아직 이루어지지 않은 것이 있었는데, 바로 야곱이 반드시 고향에 돌아오게 될 것이라는 약속이었어요. 하나님은 이 약속 역시 잊지 않으셨고 마침내 야곱에게 고향으로 돌아가라고 말씀하셨어요.

야곱이 하나님의 말씀에 따라 고향으로 돌아갈 때 그에게 두려운 것이 있었어요. 바로 그의 형, 에서였어요. 형을 피해 도망쳐 온 후, 비록 20년이라는 긴 시간이 지났어도 형이 자신을 용서했는지 알 수 없었기 때문이에요.

하지만 야곱은 하나님의 말씀에 따라 가족들과 함께 삼촌의 집을 떠났어요. 하나님은 두려워하는 야곱을 찾아오셔서 그의 이름을 '이스라엘'로 바꿔주셨어요. '이스라엘'은 하나님과 겨루어 이겼다는 뜻이고, 이 이름은 야곱의 후손들을 통해 하나님이 세우시는 나라의 이름이 되었지요. 그리고 하나님은 에서의 마음을 바꾸셔서 서로 화해하도록 은혜를 베풀어주셨어요.

야곱은 형을 피해 도망쳤을 때, 집에 돌아오는 데 이렇게 오랜 시간이 걸릴 거라고 생각하지 못했을 거예요. 야곱은 20년 동안 갖가지 어려움을 당했어요. 하지만 하나님이 야곱과 함께하시면서 그를 지켜주셨기 때문에, 야곱은 조금씩 변화되었어요. 형과 아버지를 속이고, 자신이 삼촌에게 속는 일을 겪으면서 여러 가지를 느끼고 배웠을 거예요.

그렇다면 야곱은 자신에게 일어나는 많은 일을 다 이해할 수 있었을까요? 아마 그러지 않았을 것 같아요. 분명 야곱이 이해할 수 없는 일들도 많았을 거예요. 하지만 그때는 몰랐더라도 시간이 지나서 되돌아봤을 때, 야곱은 하나님이 자신을 변화시키셨다는 것을 깨달았을 거예요.

여러분, 우리 삶의 많은 조각 중에는 이해가 안 되는 것들도 있어요. 하나님을 믿는 내게 일어날 수 없을 것 같은 일들이 일어나기도 해요. 그래서 마음이 혼란스럽고 복잡할 수 있어요. 하지만 그때마다 우리가 기억해야 할 것이 있어요. 하나님이 그 일들을 통해서 우리를 조금씩 변화시키신다는 사실이에요.

우리가 마주한 어렵고 힘든 일들로 인해서 마음이 혼란스러울 때, 약속의 자녀인 우리는 어떻게 해야 할까요? 하나님은 오늘 우리에게 이렇게 말씀하세요. **"우리를 변화시켜 약속을 이루시는 하나님을 기대하라!"** 이 진리를 기억하는 저와 여러분이 되길 기도해요. ●

창세기 39:1-4

| 제 목 | 하나님은 어떤 순간에도 함께하셔!
| 포인트 | 어려울 때에도 하나님이 함께하심을 믿으라!

1. '예수빌리지 구약 1' 학령기 15-16과의 성경 이야기 그림이 사용되었습니다.
2. 큐알 코드를 인식하면, '도입 PPT'를 내려받을 수 있습니다.

TIP. 설교문의 표시된 곳에서 엔터키를 누르면 애니메이션 효과가 나타납니다.

참고 자료

('이탈리아 지도'를 보여주며) 유럽 대륙에 있는 나라 이탈리아는 장화 모양처럼 생긴 것으로 잘 알려져 있어요. ▶ 이탈리아 남부에는 '시칠리아'라는 섬이 있는데, 지도

를 보면 마치 장화 앞에 놓여 있는 것처럼 보이는 곳이지요. 시칠리아는 우리나라와 비교했을 때, 4분의 1정도의 크기인데 지중해에서는 가장 큰 섬이라고 해요.

지금으로부터 약 2,300년 전, 이 시칠리아 섬에는 ▶ '시라쿠사'라는 도시 국가가 있었어요. 그즈음 시라쿠사를 다스렸던 왕은 ▶ '디오니시우스 1세'였는데, 이 왕은 시칠리아 섬과 이탈리아 남쪽의 여러 도시를 정복하면서 시라쿠사를 크고 강력하게 만들었어요. 그는 힘도 있었고, 많은 부를 누리던 사람이었어요.

디오니시우스 1세에게는 ▶ '다모클레스'라는 신하가 있었어요. 그는 왕이 가진 힘이나 왕이 누리는 호화로운 생활을 보며 ▶ 늘 자신도 왕이 되면 좋겠다고 생각했어요. 그런 그의 생각을 왕도 알고 있었어요.

('왕과 다모클레스'를 보여주며) 그러던 어느 날, 왕이 다모클레스를 불러서 왕좌에 앉아보라고 권했어요. 마침내 다모클레스는 왕의 의자에 앉아보았어요. 이때 그의 기분이

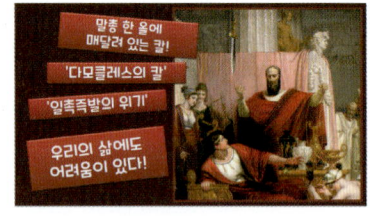

어땠을까요? 그토록 앉아보고 싶고 원했던 곳에 앉았으니 틀림없이 기분이 좋았을 거예요.
왕이 물었어요. "기분이 어떤가?" 다모클레스는 "너무 좋습니다!" 하

며 신이 나 대답했어요. 그러자 왕이 다시 다모클레스에게 이렇게 말했어요. "머리를 들어 천장을 보라." 다모클레스는 천장을 보고 깜짝 놀라 왕좌에서 재빨리 내려왔어요. 왜냐하면 머리 위에는 ▶ 말총 한 올에 칼이 매달려 있었기 때문이에요.

왕은 이 경험을 통해 다모클레스에게 왕의 자리는 언제 칼이 떨어질지 모를 정도로 위험하다는 것을 말하고 싶었어요. 이 이야기에서 비롯된 말이 바로 ▶ '다모클레스의 칼'이에요. 이 말은 ▶ 일촉즉발의 위기나 위험한 상황을 뜻해요.

이 이야기를 통해서 왕이 가질 수 있고 누릴 수 있는 것도 많지만, 왕이 겪는 어려움도 많겠다는 생각을 하게 돼요. 어려움은 해결되더라도, 또 다른 어려움이 계속 찾아오게 되지요. 그리고 이것은 왕에게만 해당되는 일이 아니라 모든 사람에게 일어나는 일이기도 해요. 어려운 일들은 살면서 우리에게 계속해서 찾아와요.

▶ 하나님을 믿는 우리에게도 어려움이 찾아오고, 다시 찾아와요. 어떤 어려움은 쉽게 극복되기도 하지만, 어떤 어려움은 우리를 아주 힘들게 하기도 해요. 힘겨운 시간을 겪으면 우리의 마음은 약해지고 힘들어져요. 이렇게 우리가 어려움 중에 있을 때, 하나님의 자녀로서 기억해야 할 것은 무엇일까요? 오늘 말씀 속에서 진리를 발견하길 원해요. 다 함께 창세기 39장 1-4절을 읽어보아요.

오늘 말씀에 등장하는 요셉은 야곱의 열두 아들 중에서 열한 번째 아들이었어요. 야곱은 요셉을 특별하게 사랑했어요. 형들은 요셉

만 지나치게 사랑하는 아버지의 모습을 보고, 아버지의 심부름을 하러 온 요셉을 이집트의 종으로 팔아버렸어요.

요셉이 형들에 의해 이집트에 팔렸을 때의 나이는 열일곱 살이었어요. 열일곱 살이면 아직 가족이 필요한 나이인데, 오히려 요셉은 가족에 의해 종으로 팔려가게 되었지요. 이집트에 간 요셉은 파라오의 신하이자 왕궁 경호대의 대장인 보디발의 노예가 되었어요. 그런데 본문 2절 말씀을 보면 요셉이 형통한 자가 되었다고 기록되어 있어요. 성경은 요셉이 형통한 이유를 어떻게 기록하고 있나요? (대답을 들은 후) 하나님이 요셉과 함께하셨기 때문이라고 알려주고 있어요.

보디발은 하나님을 모르는 이방인이었지만, 요셉을 보면서 하나님이 그와 함께하신다는 것을 깨달았어요. 보디발은 요셉을 신뢰했고, 요셉에게 집안일과 자기가 가진 모든 것을 맡겼어요. 요셉은 형편이 나아지는 것을 경험하면서, 비록 종으로 팔렸었지만 더 이상의 어려움은 없을 거라고 생각했을 수도 있어요.

하지만 현실은 그렇지 않았어요. 요셉에게 또 다른 어려움이 찾아왔어요. 보디발의 아내가 요셉이 좋다며 그를 유혹했던 거예요. 요셉은 하나님이 기뻐하시지 않는  다고 생각하며 그 유혹을 거절했어요. 그러자 보디발의 아내는 요셉에게 누명을 씌웠고, 결국 요셉은 억울하게 감옥에 갇히고 말았어요. 형들에 의해 종으로 팔리는 어려움을 이겨냈는데, 또 다른 어려움이 요셉에게 찾아왔던 거예요.

감옥에 갇힌 요셉의 마음은 어땠을까요? 다시 어려운 일이 생겼다고 좌절하지는 않았을까요? 창세기 39장 21절은 그때의 요셉에 대해 이렇게 말씀하고 있어요. "여호와께서 요셉과 함께 하시고 그에게 인자를 더하사 간수장에게 은혜를 받게 하시매."

하나님이 요셉과 함께하셨기 때문에, 요셉은 감옥에서도 사랑을 받았어요. 간수장의 신뢰를 얻은 요셉은 감옥에서 일어나는 모든 일을 맡아서 처리했어요. 하나님은 요셉이 무슨 일을 하든 성공하게 만드셨어요. 어쩌면 요셉은 이제 자신에게 좋은 일만 일어날 것이라는 희망을 가졌을지도 몰라요.

그러던 와중에, 이집트 파라오의 술을 맡았던 관원장과 떡을 맡았던 관원장이 왕에게 죄를 지어 감옥에 오게 되었어요. 요셉은 두 사람의 시중을 들게 되었어요. 어느 날, 두 사람은 각각 꿈을 꾸게 되었고 그 꿈이 어떤 뜻을 가지고 있는지 궁금했어요. 두 사람을 지켜보던 요셉은 "꿈의 뜻을 풀어 줄 분은 하나님 이외에는 없습니다"라고 하며, 자신이 꿈을 해석해 주겠다고 말했어요. 하나님이 요셉과 함께하셨기 때문에, 요셉은 그 꿈들을 해석할 수 있었어요.

꿈 이야기를 들은 요셉은 술 맡은 관원장에게는 사흘 안에 원래의 자리로 돌아가게 될 것이고, 떡 맡은 관원장에게는 사흘 안에 처형을 당하게 될 것이라고 말했어요. 요셉은 꿈을 해석해 주면서 술 맡은 관원장에게 감옥 밖으로 나가게 되면, 자신이 감옥에서 풀려나도록 도와 달라고 요청했어요.

두 사람은 어떻게 되었을까요? 요셉의 말처럼 술 맡은 관원장은 다시 파라오를 섬기게 되었어요. 이때 요셉은 어떤 생각을 했을까요? 드디어 감옥에서 풀려날 수 있다고 생각하지 않았을까요? 자신이 꿈을 해석한 대로 이루어졌기 때문에 술 맡은 관원장이 도와줄 거라고 여겼을 거예요.

그런데 술 맡은 관원장은 요셉을 잊고 있었어요. 그래서 요셉은 감옥에서 2년을 더 머물 수밖에 없었어요. 하지만 2년 뒤 파라오가 꿈을 꾸어 해석을 할 사람을 찾을 때, 술 맡은 관원장은 그 꿈을 해몽할 사람으로 요셉을 기억해 냈어요. 그리고 요셉은 마침내 파라오 앞에 서게 되었어요.

요셉의 삶은 어려움의 연속이었어요. 아버지의 특별한 사랑을 받던 아들에서, 종으로, 죄수로 계속해서 어려운 상황을 맞닥뜨렸지요. 이렇게 어려움이 계속해서 찾아오면 인생을 포기하고 싶은 생각이 들 것 같아요. 하지만 요셉은 그러지 않았어요. 하나님은 요셉과 늘 함께하셨고, 요셉은 자신과 함께하시는 하나님을 기억하고 믿었어요. 그래서 요셉은 그런 어려움을 이겨낼 수 있었어요.

우리의 삶에도 어려움이 찾아와요. 그럴 때마다 우리가 기억해야 하는 것은 무엇일까요? 하나님은 오늘 말씀을 통해서 우리에게 이렇게 말씀하세요. **"어려울 때에도 하나님이 함께하심을 믿으라!"**

여러분, 하나님은 우리와 함께하세요. 우리는 하나님이 항상 나와 함께하신다는 것을 믿어야 해요. 어떤 어려움 속에서도 우리는 이 진리를 잊어서는 안 돼요. 하나님이 언제나 나와 함께하신다는 것을 믿을 때, 우리는 어떤 어려움도 이겨낼 수 있어요. 이 진리를 믿는 저와 여러분이 되길 기도해요. ●

창세기 41:8-9

| 제 목 | 하나님의 계획이 있어!
| 포인트 | 우리의 삶에 하나님의 계획이 선하게 이루어짐을 알라!

1. '예수빌리지 구약 1' 학령기 17과의 성경 이야기 그림이 사용되었습니다.
2. 큐알 코드를 인식하면, '도입 PPT'를 내려받을 수 있습니다.

TIP. 설교문의 ▶ 표시된 곳에서 엔터키를 누르면 애니메이션 효과가 나타납니다.

('오페라 하우스'를 보여주며) 사람들이 호주 시드니에 갈 때 빠지지 않고 꼭 들르는 곳 중의 하나는 ▶ '오페라 하우스'예요. 오페라 하우스는 시드니뿐 아니라, 호주를 상 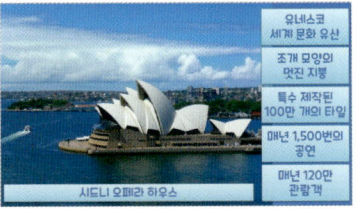 징하는 대표적인 건축물이에요. 2007년에 ▶ 유네스코 세계 문화 유산으로 선정된 이곳은 푸른색 바다와 어우러진 ▶ 조개 모양의 지붕이 아름답기로 유명해요. 이 지붕은 ▶ 특수 제작한 세라믹 타일로 덮여 있어, 곰팡이가 생기지 않고 빗물에도 먼지가 쉽게 씻긴다고 해요. 오페라 하우스는 ▶ 매년 1,500번이 넘는 공연이 열리고 ▶ 120만 명의 관람객이 모일 정도로 활발한 공연 활동이 이루어지는 곳이에요(2019년 기준).

오페라 하우스는 어떻게 짓게 되었을까요? 1954년, 호주의 뉴 사우스 웨일스 주는 시드니에 오페라 하우스를 짓기로 결정하고, 이 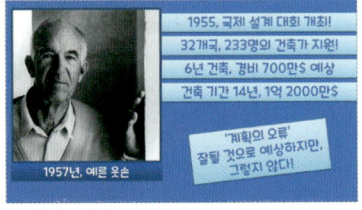 듬해 세계 최고의 건축가를 통해 오페라 하우스를 설계하려 했어요. 이를 위해 개최한 ▶ 국제 설계 대회에는 ▶ 총 32개국에서 233명의 유명한 건축가가 지원했어요. 오랜 심사 끝에 우승자가 정해졌는데, 바로 덴마크의 ▶ '예른 웃손'이라는 사람이었어요.

우승자가 확정된 후, 정부는 오페라 하우스를 짓는 데 ▶ 6년의 시간과 700만 달러의 비용을 계획했어요. 그러나 실제 공사는 2년 뒤에 시작되었고, 공사 진행 중에도 계획은 여러 차례 수정되었어요. 오페라 하우스가 완성되기까지 ▶ 공사 기간은 14년이 소요되고, 건축 비용으로는 무려 1억 2천만 달러가 들었어요. 모두 예상을 훌쩍 뛰어넘은 결과였어요.

여러분, 이런 엄청난 건물을 짓기 위해 얼마나 많은 경험을 가진 사람들이 참여했을까요? 그럼에도 불구하고 여러 가지 일들이 생기면서 계속해서 계획은 수정되었어요. 그래서 시드니 오페라 하우스는 ▶ '계획의 오류'라는 말의 대표적인 예로 사용되고 있어요. 이 말은 미래의 일에 대한 낙관적인 전망과 자신에 대한 과대평가 때문에 많은 계획을 세웠다가, 오히려 시간이나 비용이 더 소요되는 현상을 의미해요. 사람들은 모든 일이 잘 풀릴 것으로 예상해서 계획을 세우지만, 실제로는 그대로 되지 않는다는 뜻이지요. 한마디로 계획대로 되지 않는다는 거예요.

우리는 항상 계획을 세워요. 1년 동안 신약 성경을 다 읽겠다거나, 하루에 줄넘기를 500개씩 하겠다는 등 다양한 계획을 세우지요. 그런데 우리가 세운 계획대로 모든 일이 잘 진행되나요? 꼭 그렇지마는 않아요. 여러 가지 일들 때문에 계획이 변경되기도 하고, 때로는 취소되기도 하니까요. 우리가 예상하지 못한 일이 늘 일어나기 때문에 우리의 계획은 바뀔 수밖에 없어요.

그렇다면 하나님의 계획은 어떨까요? 우리를 지키시고, 우리와 함께 하시겠다는 하나님의 계획도 취소될까요? 하나님의 계획은 변함없이 우리에게 이루어질까요? 이 질문에 대한 답을 오늘 말씀을 통해 살펴보려고 해요. 다 같이 창세기 41장 8-9절을 읽어보아요.

오늘 말씀에는 파라오가 두 개의 꿈을 연달아 꾼 후의 일이 나와 있어요. 그 꿈은 특별한 의미를 담고 있었어요. 그런데 파라오 주변에

있는 마술사와 지혜로운 사람들 중에는 그 꿈을 해몽해 줄 사람이 없었어요. 그때 술 맡은 관원장이 자신의 꿈을 해몽해 준 요셉을 기억해 냈고, 요셉이 파라오 앞에 나와 그의 꿈을 해몽하게 되었어요. 요셉은 꿈을 해석해 달라는 파라오의 요청에 자신이 아니라 하나님이 해몽해 주실 것이라 말했지요(창 41:16).

파라오가 꾼 꿈은 이러했어요. 파라오가 나일강가에 서 있었는데, 갑자기 야위고 마른 소 일곱 마리가 나타나서, 통통하고 아름다운 소 일곱 마리를 잡아먹어 버렸어
요. 깜짝 놀라 잠에서 깬 파라오는 다시 잠들었다가 또 꿈을 꾸었어요. 이번에는 야위고 말라버린 이삭 일곱 개가 토실토실한 이삭 일곱 개를 잡아먹는 꿈이었어요.

요셉은 파라오에게 두 가지 꿈이 같은 의미를 품고 있으며, 앞으로 일어날 일을 하나님이 미리 보여주신 것이라고 말했어요. 즉, 이 꿈들은 앞으로 7년 동안 이집트에 큰 풍년이 있고 나서 7년간 흉년이 들 것을 보여주는 것이었어요. 요셉은 이것을 대비해서 미리 준비해야 한다고 말했어요.

파라오는 요셉의 해몽이 훌륭하다고 생각했고, 또 요셉이 지혜로워 보였어요. 그래서 파라오는 요셉을 이집트의 총리로 세웠어요. 열일곱 살에 형제들에 의해 종으로 팔렸다가 서른 살에 이집트의 총리가 되는 영화 같은 일이 요셉에게 일어났어요.

요셉의 말대로 이집트에는 7년 동안의 풍년이 있었고, 이 기간에 요셉은 지혜롭게 이집트를 다스려서 많은 곡식을 저장해 두었어요. 그리고 마침내 7년의 풍년이 지나  자 정말로 기근이 시작되었어요. 기근이 시작된 지 2년이 지났을 때, 야곱이 곡식을 구하러 요셉의 형제들을 이집트에 보냈어요. 요셉은 형들을 한눈에 알아볼 수 있었어요. 후에 요셉은 형들을 용서하면서, 하나님이 자신을 이집트로 먼저 보내셔서 사람들의 생명을 구하셨다고 고백하게 되지요(창 45:5).

야곱은 자신이 특별하게 사랑했던 열한 번째 아들인 요셉이 살아 있고, 게다가 그가 이집트의 총리가 되었다는 소식을 들었어요. 야곱은 가족들을 데리고 이집트로 가  서 그곳에 정착했어요. 하나님은 요셉을 통해 요셉의 가족들을 구원하시고, 큰 민족을 이루도록 하셨어요. 하나님은 하나님의 계획을 선하게 이루셨어요.

여러분, 사람의 계획은 여러 가지 일들로 인해 바뀌고, 어떤 경우에는 취소되기도 해요. 하지만 하나님의 계획은 달라요. 하나님의 계획은 반드시 이루어져요.

하나님은 우리 각 사람을 향해서도 계획을 가지고 계세요. 지금 우리를 향한 그 계획을 모를 수 있지만 하나님은 우리를 향한 계획을 하나님의 때에 선하게 이루어주실 거예요. 오늘 말씀을 통해 하나님은 우리에게 이렇게 말씀하고 계세요. **"우리의 삶에 하나님의 계획이 선하게 이루어짐을 알라!"** 이 진리를 믿는 저와 여러분이 되기를 기도해요. ●

PART III

출애굽기
레위기

출애굽기 1:8-10

| 제 목 | **기억하시고 반드시 이루시는 하나님**
| 포인트 | **하나님은 약속을 이루시는 분이심을 알라!**

참고 자료

1. '예수빌리지 구약 1' 학령기 18과의 성경 이야기 그림이 사용되었습니다.
2. 큐알 코드를 인식하면, '**도입 PPT**'를 내려받을 수 있습니다.

TIP. 설교문의 ▶ 표시된 곳에서 엔터키를 누르면 애니메이션 효과가 나타납니다.

기네스북은 세계 최고의 기록들을 모아 놓은 책으로, 다양하고 독특한 기록을 세운 사람들의 이름이 많이 등재되어 있어요. ('도미닉 오브라이언'을 보여주며) 그중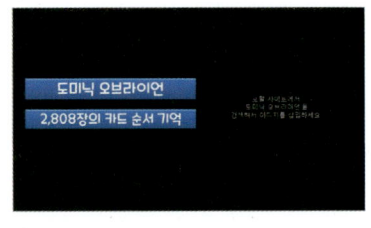

에 ▶ '도미닉 오브라이언'이라는 사람이 있는데, 그는 2002년에 무려 ▶ 2,808장의 트럼프 카드를 한 번 보고 그 순서를 기억한 것으로 기네스북에 올라와 있지요.

그런데 이 사람은 기네스북에만 오른 것이 아니라 ▶ '세계 기억력 대회'에서도 우승했어요. 여러분, 이런 대회가 있는지 알고 있었나요? 이 대회는 제한 시간 동안 누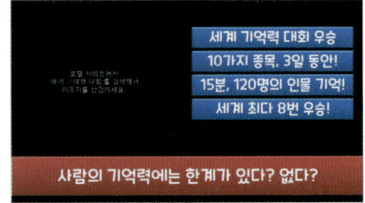

가 가장 많은 것을 기억하는지를 겨루는 대회라고 해요.

세계 기억력 대회는 ▶ 10가지 종목으로 3일 동안 진행되는데, ▶ 15분 동안 120명의 인물, 사진, 이름을 기억하거나, 무작위로 선택된 400개의 단어를 외우는 등의 경기를 해야 해요. 말만 들어도 정말 대단하지 않나요? 그런데 오브라이언은 이 대회에서 ▶ 역대 최다 기록인 8번이나 우승했어요.

오브라이언은 사실 난독증, 즉 글자를 읽고 철자를 구분하거나 내용을 이해하는 것에 장애를 가진 사람이었어요. 그래서 열여섯 살에 학교도 그만두었어요. 그런데 그 후에 우연히 카드 암기법을 알게 되면서 이렇게 유명해질 수 있었다고 해요. 오브라이언이 영국인이기 때문에 영국 런던 과학박물관에는 그가 받은 트로피와 함께 기억력 대회에 사용했던 카드 등이 전시되어 있어요.

▶ 하지만 이렇게 아무리 기억력이 좋은 사람도 시간이 지날수록 기억력은 떨어지게 마련이에요. 사람에 따라 분명 차이는 있겠지만, 모든 것을 기억할 것 같아도 시간이 지나면 점점 잊어버리게 돼요. 그런데 기억력이 좋다고 해서 다른 사람과 약속했던 것들을 다 기억하고 지킬 수 있을까요? (대답을 들은 후) 그렇지 않지요. 내가 약속한 것을 기억하는 것도 어렵고, 또 기억한다고 해서 약속을 다 지키는 것도 어려워요. 그것은 거의 불가능해요.

그렇다면 하나님은 어떠실까요? 하나님은 자신이 한 약속을 잊지 않고 기억하고 계실까요? 또 하나님은 자신이 하신 약속을 다 이루실 수 있을까요? 이 질문에 대한 답을 오늘 말씀을 통해서 살펴보기 원해요. 출애굽기 1장 8-10절을 함께 읽어보아요.

야곱의 가족들은 요셉이 총리로 있는 이집트에 내려가서 살게 되었어요. 그들은 그곳에서 약 400년을 살았어요. 야곱의 가족들이 이집트에 갔을 때는 70명밖에 되  지 않았지만, 400년 동안 그들은 약 200만 명이 될 정도로 수가 많아졌어요.

참고로 성경을 보면 야곱의 가족들을 가리켜 이스라엘 자손이라고 불러요. 창세기 32장 28절에서, 하나님이 야곱의 이름을 '이스라엘'로 바꿔주셨던 것을 기억하나요? 하나님은 야곱의 이름을 이스라엘로 바꾸신 뒤, 야곱의 가족을 이스라엘이라고 부르셨어요.

PART III_출애굽기 • 레위기

야곱의 가족들이 이집트에 머무는 동안 하나님의 보호하심으로 그들은 큰 민족을 이루었어요. 또한 파라오의 꿈을 해몽해 준 것을 계기로 이집트의 총리가 된 요셉은 7년의 풍년 동안 곡식을 잘 저장했고, 그로 인해 7년 동안의 흉년을 잘 대처할 수 있었어요. 요셉의 지혜로 이집트는 큰 위기를 넘길 수 있었고, 파라오는 그런 요셉의 가족들을 잘 대해주었어요.

그런데 요셉을 알지 못하는 이집트 왕이 나타나자 상황이 달라졌어요. 이스라엘의 인구가 많아지자, 이집트 사람들은 이스라엘 사람들이 자신들을 배신할까봐 두려웠어요. 이스라엘의 인구수가 자신들을 충분히 위협할 수 있을 정도로 많다고 생각했고, 그들을 견제해야겠다고 생각하게 되었어요.

그래서 그들은 이스라엘을 노예로 삼아 괴롭히기 시작했어요. 파라오는 이스라엘 백성들에게 큰 성을 짓게 해서, 힘든 일을 시키고 학대하면서 그들을 괴롭혔어요. 그렇게 하면 이스라엘 백성들의 숫자가 줄어들 거라고 생각했어요. 하지만 파라오의 생각대로 되지 않았고 이스라엘 백성들의 숫자는 줄지 않았어요.

그러자 파라오는 아주 무서운 명령을 내렸어요. 아이가 태어나도록 돕는 산파들에게 만약 아기가 딸이면 그 아기를 살려주고, 아들이면 죽이라고 명했던 거예요. 하지만 산파들은 하나님을 두려워해서 파라오의 명령을 따르지 않았어요. 그들은 이스라엘 백성들의 아들들을 살려주었어요.

파라오는 이스라엘을 괴롭히고 그들의 인구수를 줄이려고 했지만, 그의 뜻대로 되지 않았어요. 이런 어려움 속에서도 이스라엘 자손들의 숫자는 줄지 않고 계속  많아졌어요. 어떻게 이런 일이 가능했을까요? 그 이유는 하나님이 창세기 15장 5절에서 아브라함에게 네 자손이 하늘의 별처럼 많아질 것이라고 약속하셨기 때문이에요.

오래전, 하나님은 아브라함에게 그의 자손이 하늘의 별처럼 많아질 것이라고 약속하셨고, 하나님은 이 약속을 잊지 않으셨어요. 또한 하나님은 약속을 잊지 않으셨을 뿐 아니라, 그 약속을 이루어주셨어요.

여러분, 하나님은 자신이 하신 약속을 기억하셨고, 그래서 이스라엘 백성들을 지키시고 보호하셨어요. 성경에는 하나님의 많은 약속이 기록되어 있어요. 하나님은 우리와 함께하시며 우리를 지켜주시겠다고 약속하셨어요. 하나님이 성경을 통해 우리에게 하신 약속을 기억하실까요? (대답을 들은 후) 그래요. 하나님은 약속을 기억하시는 분이세요. 그렇다면 그 약속을 다 이루실까요? (대답을 들은 후) 하나님은 반드시 약속을 이루세요. 하나님은 오늘 말씀을 통해서 우리에게 이렇게 말씀하세요. **"하나님은 약속을 이루시는 분이심을 알라!"** 약속을 잊지 않으시고 반드시 이루시는 하나님을 믿는 저와 여러분이 되기를 소원해요.

출애굽기 3:1-6

| 제 목 | **하나님의 사람은 준비되고 있어요**
| 포인트 | **하나님은 하나님의 사람을 준비시키심을 알라!**

참고 자료

1. '예수빌리지 구약 1' 학령기 19과의 성경 이야기 그림이 사용되었습니다.
2. 큐알 코드를 인식하면, **'도입 PPT'**를 내려받을 수 있습니다.

TIP. 설교문의 ▶ 표시된 곳에서 엔터키를 누르면 애니메이션 효과가 나타납니다.

2014년 3월 어느 날 저녁, 식구들과 저는 함께 이야기를 하며 쉬고 있었어요. ('갈라진 땅'을 보여주며) 그런데 밤 9시쯤 ▶ 갑자기 집이 흔들리기 시작했어요. 심하지  는 않았지만 집이 몇 번 기우뚱하는 정도의 흔들림이 있었어요. 천장에 달려 있던 전등이 좌우로 흔들리고 선반 문이 열렸어요. 상황을 파악할 겨를도 없이 집과 함께 몸이 흔들렸어요.

우리는 일단 ▶ 테이블 밑으로 몸을 숨긴 뒤, 인터넷으로 무슨 일이 일어났는지 알아보았어요. 검색을 통해 근처에서 지진이 발생했다는 것을 알 수 있었어요. 당시 제가 살던 곳으로부터 약 5킬로미터 떨어진 곳에서 지진이 일어났는데, 그 지진의 영향이 우리 집까지 이어진 것이었어요. 그때 저는 태어나서 처음으로 지진을 경험했어요. 말로만 듣던 지진을 직접 경험하니까 너무 무섭고 두려웠어요.

저보다 지진이 일어난 곳에서 더 가까이 살던 친구가 있었는데, 그 집은 제법 피해가 컸어요. 선반에 있었던 그릇이 쏟아져 나와 깨지기도 했고, 전등도 나가버렸어요. 근처의 어떤 집들은 거실의 창문들이 깨지기도 했어요. 그때 발생한 지진은 ▶ 규모 5.3의 지진으로, 크고 작은 피해를 일으켰어요.

지진을 처음 경험해 보니 지진이 일어났을 때 어떻게 대처해야 하는지 전혀 알 수가 없었어요. 테이블 밑에 그냥 피해 있으면 되는지, 아니면 건물 밖으로 나가야 하는지 결단이 서지 않았어요. 그래서 다음날, 지진이 일어났을 때 어떻게 행동해야 하는지 찾아보게 되었어요.

('지진키트'를 보여주며) 지진과 관련된 정보를 찾던 중, '지진키트'가 있다는 것을 알게 되었어요. 지진키트에 대해 들어본 적 있나요? 이것은 지진이 일어났을 때 쓸 필  요한 물건들이 담겨 있는 키트를 말해요. 보통 ▶ 에너지바, 손전등, 구급약품, 마스크, 화장지 등이 여기에 들어있지요. 당시 우리 가족이 살던 지역에는 가끔 지진이 발생해서 대부분의 사람들은 필요한 것들을 미리 준비하고 있었지만, 우리는 아무것도 준비하지 못하고 있었어요.

여러분, 우리에게 어떤 일이 일어날지 모르기 때문에 모든 것을 늘 준비하고 살 수는 없어요. 하지만 ▶ 우리가 무언가를 계획하고, 또 그것이 이루어지기를 원한다면 분명 준비해야 할 것이 있어요. 왜 우리는 미리 준비해야 하나요? 제대로 준비되어 있지 않으면, 우리가 세운 계획을 이룰 수 없기 때문이에요.

그렇다면 하나님은 어떠실까요? 하나님도 자신이 계획한 일을 이루기 위해 준비하시는 게 있을까요? 하나님은 자신이 하신 약속을 이루기 위해서 무엇을 준비하실까요? 이 질문에 대한 답을 오늘 말씀을 통해서 찾아보기 원해요. 다 함께 출애굽기 3장 1-6절 말씀을 읽어보아요.

야곱의 가족들이 이집트에 정착한 지 약 400년이 지났을 때, 이스라엘 백성들의 숫자가 많아졌고 파라오는 그것이 두려워서 남자아이들을 죽이려고 했어요. 하지만 하나님은 아브라함과의 약속을 기억하시고 이스라엘 백성들을 지켜주셨어요.

그때 한 가정에 아들이 태어났어요. 그런데 파라오가 남자아이가 태어나면 죽이라고 했기 때문에, 이 아이의 부모는 아이를 약 3개월 동안 숨기고 살았어요. 하지만 아이가 자라나자 더 이상 숨기기가 어려워졌지요.

아이의 부모는 어쩔 수 없이 아기를 파피루스 상자에 넣어 나일강에 흘려보냈어요. 여기서 '상자'라는 단어는 히브리어로 노아의 '방주'와 동일한 단어예요. 즉, 노아  의 '방주'와 이 아이를 넣은 파피루스 '상자'는 같은 단어이지요. 그래서 이 단어를 보면 하나님이 상자 안의 아이를 지켜주실 것임을 알 수 있어요. 아이의 부모는 상자에 역청과 나무 진같이 방수하는 물질을 바른 후, 아이를 나일강에 흘려보냈어요.

이 아이의 누나는 동생에게 어떤 일이 일어날지 눈을 떼지 않고 지켜보고 있었어요. 그때 누군가 그 상자를 주웠어요. 바로 이집트의 공주였어요. 공주는 아이가 담긴 파피루스 상자를 시녀들에게 가져오게 했어요. 공주도 당시의 상황을 알고 있었기 때문에, 어떤 이유로 아이가 나일강에 버려졌는지 잘 이해하고 있었어요.

그때 아이의 누나가 재빨리 공주에게 갔어요. 그리고 공주에게 아이를 건강하게 키울 수 있도록 아이에게 젖 먹일 사람을 찾아오겠다고 제안했어요. 공주는 그 여자아이에게 젖 먹일 여자를 찾아오면 값을 치르겠다고 말했어요.

아이의 누나가 데려온 사람은 누구였을까요? (대답을 들은 후) 그래요.

아이의 엄마였어요. 당시 아이들은 3-4살까지 엄마의 젖을 먹으며 자랐어요. 아이는 엄마의 품에서 그때까지 자라다가 나중에 공주에게 입양되었어요. 공주는 이 아이의 이름을 물에서 건져냈다는 뜻으로 '모세'라고 불렀어요.

모세는 이집트의 왕자로 40년을 살면서, 왕자로서 받을 수 있는 좋은 교육을 받고 자랐어요. 또 유모로 모세를 키워주었던 엄마 덕분에 자신이 이스라엘 사람이라는 것도 알았고, 하나님도 알게 되었어요.

그러던 어느 날, 모세는 이집트 사람이 이스라엘 사람을 괴롭히는 것을 봤어요. 화가 난 나머지 모세는 그 이집트 사람을 죽이고, 시체를 모래에 파묻었어요. 그런데 모세가 사람을 죽였다는 사실이 사람들에게 알려지고 말았고, 모세는 광야로 도망칠 수밖에 없었어요. 모세는 그렇게 광야에서 40년을 지냈어요.

오늘 우리가 읽은 본문은 그때 모세에게 일어났던 일을 말씀하고 있어요. 모세는 미디안 광야에 머물며 양을 쳤어요. 하루는 양을 치던 모세가 호렙산에서 신기한 현상을 봤어요. 떨기나무가 있었는데, 그 나무에 불이 붙어 있었어요. 그런데 희한하게도 나무는 불이 붙었지만 재가 되어 사라지지 않고, 타지도 않았어요.

모세가 나무 가까이에 다가가자 그때 하나님의 음성이 들렸어요. "하나님이 이르시되 이리로 가까이 오지 말라 네가 선 곳은 거룩한 땅이니 네 발에서 신을 벗으라"(출 3:5). 그리고 하나님은 모세에게 가서 이스라엘 백성을 이집트에서 인도해 내라고 명령하셨어요.(출 3:10).

여러분, 하나님은 하나님의 백성을 외면하지 않으세요. 하나님은 자신의 백성들을 인도하시고 구원하시는 분이에요. 그리고 하나님은 사람을 통해서 그 일을 하세요. 이스라엘 백성들의 눈에는 하나님이 일하고 계신 것이 보이지 않았더라도, 하나님은 하나님의 계획을 이루기 위해 모세라는 사람을 준비시키고 계셨어요.

오늘 말씀을 통해서 하나님이 하나님의 일을 어떻게 이루시는지 살펴보았어요. 하나님은 하나님의 계획을 어떻게 이루셨나요? (대답을 들은 후) 그래요. 사람을 준비시키셔서 그 일을 이루셨어요. 하나님은 오늘 말씀을 통해서 우리에게 이렇게 말씀하세요. **"하나님은 하나님의 사람을 준비시키심을 알라!"** 하나님은 자신의 계획을 이루기 위해, 사람을 준비시키는 분이세요. 이 진리를 믿고, 하나님의 일을 위해 준비되는 우리 모두가 되길 기도해요. ●

출애굽기 5:1-3

| 제 목 | **유일하신 하나님**
| 포인트 | **유일하신 하나님을 믿으라!**

참고 자료

1. '예수빌리지 구약 1' 학령기 20과의 성경 이야기 그림이 사용되었습니다.
2. 큐알 코드를 인식하면, **'도입 PPT'**를 내려받을 수 있습니다.

TIP. 설교문의 ▶ 표시된 곳에서 엔터키를 누르면 애니메이션 효과가 나타납니다.

영어 단어 중에 ▶ 'sincere'라는 단어가 있어요. '신실한, 정직한'이라는 뜻의 이 단어는 라틴어 단어인 ▶ 'sine'와 ▶ 'cera'가 각각 합쳐져 만들어졌어요. sine는 영어로 ▶ 'without', 즉 '~없이'라는 뜻이고, ▶ cera는 'wax', 즉 밀랍을 뜻하지요. 밀랍은 벌집을 만들기 위하여 꿀벌이 분비하는 물질을 말하는데, 상온에서 단단하게 굳어지는 특징이 있어요. 'sincere'라는 단어의 원래 의미가 '밀랍 없이'라는 뜻인 셈이에요.

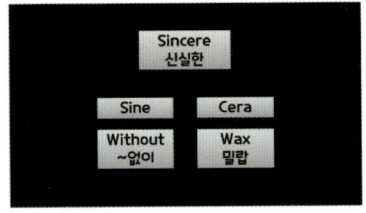

('조각상'을 보여주며) ▶ 고대 로마 시대에는 조각상이 많이 만들어졌어요. 조각가들은 작품을 만들기 위해 끌을 사용하는데 그러다 보면 ▶ 작품에 작은 상처가 나기도 하고, 자연적으로 작품에 흠이 생기는 경우도 있었어요. 그래서 조각가의 눈에는 작품이 완전하지 않은 것처럼 보였어요. 조각가들 중에는 작품을 완벽하게 만들기 위해 자신의 실수로 생기거나 자연적으로 생긴 흠에 밀랍을 넣은 사람들이 있었어요.

이것은 비단 조각상뿐 아니라 도자기를 만들 때도 마찬가지였어요. 특히 얇고 가벼운 도자기는 비쌌기 때문에 도공들은 당연히 그러한 작품을 만들려고 했고, 이 과정에서 도자기에 금이 가는 일이 생겼어요. 그러면 도공들은 ▶ 밀랍으로 금이나 상처를 메꾼 후 유약을 발라 상품으로 판매했어요.

여러분, 밀랍을 사용한 조각상이 비쌀까요? 아니면 사용하지 않은 조각상이 비쌀까요? (대답을 들은 후) 당연히 밀랍을 사용하지 않은 조각상이 훨씬 더 비싼 가격을 받았어요. 그러다 보니 밀랍을 사용하더라도 정직하게 사실을 밝히지 않는 조각가들이나 도공들이 나타나게 되었어요. 마치 상처나 금이 간 부분이 하나도 없이 완벽한 작품을 만든 것처럼 사람들을 속이고 비싸게 물건을 팔았던 거예요.

이렇게 밀랍을 사용한 사람들이 그러지 않은 것처럼 속이자, 정직한 조각가와 도공들은 자신들의 가게에 ▶ 'sine cera', 즉 ▶ 밀랍을 사용하지 않았다는 말이 적힌 간판을 달기 시작했어요. 자신들은 다른 사람들을 속이지 않고 정직하게 작품을 만들었다는 것을 사람들에게 알리기 위해서였어요. 그래서 'sine cera'라는 단어는 '신실한, 정직한'이라는 뜻을 가지게 되었어요.

작품들은 ▶ 겉으로 보면 모두 'sine cera'처럼 보이기 때문에 일반인들은 작품에 밀랍이 사용되었는지 잘 알기 어려워요. 그러나 밀랍을 사용한 작품은 시간이 지나면서 햇빛, 공기, 물 등에 의해 그 흠이 드러나게 돼요. 즉, 거짓은 결국 밝혀지게 돼요.

여러분, 이렇게 ▶ 우리 눈에는 진짜인 것처럼 보였던 것들이 많아요. 하지만 시간이 지나면서 가짜였다는 것을 알게 될 때가 있어요. 그것은 종교도 마찬가지예요. 금식 기간을 정해 음식도 먹지 않고 열심히 종교 활동을 하거나, 사람들과 떨어져 깊은 산속에서 열심히 종교 생활을 하는 사람을 보면 그들이 믿는 종교가 진짜라고 생각할 수도 있어요. 시간이 지나면 이런 종교 생활도 결국 가짜라는 것이 드러나겠지만, 그것이 밝혀질 때까지는 사람들이 가짜를 진짜처럼 여길 수 있지요.

많은 사람이 세상에 다양한 신들이 있고, 우리가 믿는 여호와 하나님도 많은 신 가운데 하나라고 생각해요. 그런데 정말 그럴까요? 우리가 믿는 하나님이 그저 많은 신 가운데 한 분일까요? 우리가 믿는 하나님은 어떤 분일까요? 오늘 말씀을 통해 이 질문에 대한 답을 찾아보기 원해요. 다 같이 출애굽기 5장 1-3절을 읽어보아요.

이집트에서 노예 생활을 하게 된 이스라엘 백성들은 고통 중에 하나님께 기도했어요. 그러자 하나님은 그들을 구원하기 위해서 모세를 준비시키셨어요. 이집트 사람을 죽인 사실이 드러나 광야로 도망쳤던 모세는, 거기서 불이 붙었지만 타지도 않고 사라지지도 않는 떨기나무를 보았어요. 하나님은 그곳에서 모세를 만나주시고 이스라엘 백성들을 이집트에서 인도해 내라고 말씀하셨어요.

모세는 아론과 함께 파라오를 찾아가서 "내 백성을 보내라!"라고 말했어요. 하지만 파라오는 거절했어요. 파라오는 '라의 아들'이라는 뜻인데, '라'는 태양신을 의
미해요. 파라오는 "내가 태양신의 아들인데 왜 여호와라는 신을 위해 내 노예들을 보내야 하나?"라고 생각했을지 몰라요. 파라오는 모세의 말을 거절했어요. 모세는 파라오에게 이스라엘 백성들을 보내지 않으면 하나님이 이집트에 무서운 벌을 내리실 것이라고 말했지만, 파라오는 이 말을 듣지 않고 오히려 그들을 더 괴롭혔어요.

그러자 하나님은 이집트에 열 가지 재앙을 내리셨어요(출 7-12장). 첫 번째는 '피' 재앙이었어요. 이

집트에는 나일강이 있어서 사람들이 농사를 지을 때나, 일상생활에 필요한 물을 구할 때 큰 도움을 받았어요. 그런데 그 나일강이 피로 변하여 물고기들은 죽고, 강물에서는 냄새가 심하게 났을 뿐 아니라 마실 물도 얻지 못했어요. 하지만 파라오는 자신의 고집을 꺾지 않았어요.

하나님은 두 번째로 '개구리' 재앙을 내리셨어요. 강에서 개구리들이 올라와 사람들이 자는 침대나 그릇 등 사방을 뒤덮었어요. 하지만 파라오는 이스라엘을 보내는 것을 거절했어요. 세 번째 재앙으로 땅의 모든 먼지가 작은 벌레인 '이'로 변해 사람들을 괴롭혔어요. 네 번째 재앙으로 하늘을 까맣게 덮는 '파리' 떼가 이집트를 덮쳤어요. 다섯 번째 재앙으로는 동물들이 '돌림병'에 걸려 병들어 죽게 되었어요. 여섯 번째 재앙으로, 몸에 나는 '종기'가 사람들과 짐승들을 심하게 괴롭혔어요. 일곱 번째로, 하늘에서 '우박'이 내려 사람과 동물이 우박에 맞아 죽고 농사를 망치게 되었어요. 여덟 번째로, '메뚜기' 떼가 나타나 남아 있는 모든 곡식과 들판의 풀까지 모조리 먹어버리는 끔찍한 재앙이 일어났어요. 아홉 번째는 '흑암' 재앙으로, 태양신을 섬기는 이집트의 온 땅이 빛을 잃어버리게 되었어요. 3일 동안 깜깜해서 누구도 앞을 볼 수 없고 움직일 수도 없는 재앙이었어요.

하나님이 내리신 아홉 가지의 재앙을 보고도 파라오는 이스라엘 백성들을 놓아주려고 하지 않았어요. 그러자 하나님은 마지막 열 번째 재앙을 내리셨어요. 그것은 처음 태어난 모든 것이 죽는 재앙이었어요.

하지만 하나님은 이스라엘 백성들에게 이 재앙을 피할 수 있는 방법을 알려주셨어요. 바로 어린양의 피를 대문 양편과 문 꼭대기 부분에 칠하는 것이었어요. 즉, 어린양의 피를 문틀에 바르면 열 번째 재앙으로부터 벗어날 수 있었어요.

열 번째 재앙이 있던 그날 밤, 이집트 사람들에게는 끔찍한 죽음의 시간이 지나갔어요. 파라오의 첫째 아들도 이 재앙으로부터 예외는 아니었어요. 파라오의 첫째  아들뿐 아니라, 모든 집의 첫째 아들부터 모든 동물의 첫 새끼까지 다 죽었어요. 하지만 문틀에 어린양의 피를 바른 이스라엘 백성들은 어떻게 되었나요? 그들은 죽음의 재앙으로부터 구원받았어요.

여러분, 하나님은 열 가지의 재앙을 통해 하나님이 어떤 분이신지 보여주셨어요. 세상에 이런 능력을 가진 분은 단 한 분밖에 없어요. 바로 여호와 하나님이에요. 성경은 오늘 말씀을 통해서 우리에게 이렇게 말씀하고 있어요. "유일하신 하나님을 믿으라!"

우리가 믿는 하나님은 이런 분이에요. 우리가 믿는 하나님은 가짜가 아닌 참되고 유일하신 하나님이세요. 세상 사람들의 생각과 달리 이 세상에 진짜 신은 딱 한 분밖에 없어요. 그분이 바로 우리가 믿는 여호와 하나님이에요. 유일하신 하나님만 믿는 저와 여러분이 되기를 소원해요.

출애굽기 14:5-8

| 제 목 | 놀라운 능력으로 인도하고 계세요
| 포인트 | 하나님의 능력으로 인도하심을 믿으라!

참고자료

1. '예수빌리지 구약 1' 학령기 21과의 성경 이야기 그림이 사용되었습니다.
2. 큐알 코드를 인식하면, '도입 PPT'를 내려받을 수 있습니다.

TIP. 설교문의 ▶ 표시된 곳에서 엔터키를 누르면 애니메이션 효과가 나타납니다.

('비행기'를 보여주며) 미국 뉴욕에 ▶ '라과디아'라는 공항이 있어요. 2009년 1월 15일, 이 공항에서 US Airways 1549편 비행기가 이륙했어요. 비행기는 ▶ 뉴욕 라과디아 공항을 떠나 노스캐롤라이나의 '샬롯' 공항으로 향하고 있었는데, ▶ 승객과 승무원을 합쳐 모두 155명이 탑승하고 있었어요. 당시 ▶ 비행기의 기장은 '셜린버거'라는 사람이었어요.

('허드슨 강에 착륙한 비행기'를 보여주며) 그런데 이 비행기는 이륙한 지 ▶ 2분 만에 새들이 엔진과 충돌하면서 양쪽 엔진이 모두 고장 나고 말았어요. 셜린버거 기장은 새와의 충돌로 양쪽 엔진을 잃자, 즉각 ▶ 뉴욕 관제탑에 연락해 도움을 요청했어요. 관제탑에서는 기장에게 뉴저지의 '테터보로' 공항으로 향하라고 권유한 후, 그곳으로 신속하게 연락해서 비상 착륙 준비를 요청했어요.

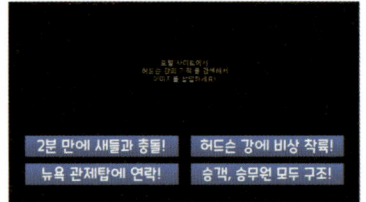

그러나 셜린버거 기장은 당시 비행기의 고도와 속도를 고려할 때 테터보로 공항까지 가기는 어렵다고 판단했어요. 그는 창밖의 허드슨 강을 보면서, 허드슨 강에 비상 착륙을 시도하겠다고 말했어요. 셜린버거 기장은 엔진 두 개를 잃자마자, 재빠른 판단으로 관제탑과 연락하고 어떻게 해야 할지 결정을 내렸던 거예요.

셜린버거 기장은 이 교신을 마친 지 1분 30초 만에 ▶ 허드슨강에 비상 착륙했어요. 강에 비상 착륙하는 일은 쉽지 않았어요. 만약 이 과정에서 비행기의 한쪽 날개가 먼저 강에 닿으면, 날개가 부러지면서 비행기가 날개 방향으로 뒤집혀버리기 때문이었어요. 비행기가 강에 비상 착륙하려면 수평을 유지해야만 했어요.

설린버거 기장은 비행기에 손상이 가지 않도록 침착하게 하강 속도와 평형 등을 최대한 맞춰서 기적처럼 큰 손상 없이 비행기를 허드슨 강에 착륙시켰어요. 그는 먼저 여자와 아이들부터 비상 탈출용 미끄럼대에 타게 하고, 다른 사람들은 가라앉고 있는 비행기 날개 위에 있게 했어요. 이때 허드슨 강에 있었던 배들도 금세 달려와 날개에 서 있는 승객들부터 구조하기 시작했어요. 마침내 1시간 만에 ▶ 155명의 승객들과 승무원들이 모두 안전하게 구조되었어요. 비행기의 엔진이 멈추는 위험한 상황이었지만, 설린버거와 같은 훌륭한 기장이 있어서 그 비행기에 탑승한 사람들은 모두 안전할 수 있었어요.

탑승한 비행기의 엔진이 멈추는 일은 우리 주변에서 흔하게 일어나지는 않아요. 하지만 그만큼 또는 그보다 훨씬 더 나를 힘들고 어렵게 하는 일들은 우리 삶에 얼마든지 찾아와요. 살면서 많고 다양한 어려움들이 우리를 덮칠 때가 있지요.

만약 그럴 때 설린버거 기장처럼, 우리를 바른 길로 인도하는 대상이 있다면 얼마나 좋을까요? 어떤 사람들은 '돈'이나 '명예'가 삶을 인도해 준다고 생각할 수도 있어요. 하지만 우리에게는 참된 인도자가 계세요. 그분이 어떻게 우리를 인도하시고, 우리가 기억해야 하는 진리는 무엇인지 오늘 말씀을 통해 살펴보아요. 다 함께 출애굽기 14장 5-8절을 읽어보아요.

PART Ⅲ_출애굽기 • 레위기

하나님이 이집트에 열 가지 재앙을 내리신 후, 마침내 파라오는 이스라엘 백성들이 이집트를 떠나는 것을 허락했어요. 이스라엘 백성들은 이집트를 탈출하여 하나님이 인도하시는 곳으로 출발했어요. 하지만 그들이 가야 할 곳은 이전에 한 번도 가본 적이 없는 곳이었어요. 그들의 마음은 어땠을까요? 여러분이라면 어땠을까요? (대답을 들은 후) 이스라엘 백성들은 너무나 두렵고 떨렸을 거예요.

게다가 이스라엘 백성들은 이집트에 머무는 400년 동안 인구가 많이 늘어난 상태였어요. 출애굽기 12장 37절을 보면 "유아 외에 보행하는 장정이 육십만 가량" 되었다고 기록되어 있어요. 남자만 60만 명이기 때문에, 이집트를 탈출한 이스라엘 백성들의 숫자를 대략 200만 명이라고 말하기도 해요. 이렇게 많은 사람이 함께 자고 이동하는 일은 보통 어려운 게 아니었을 거예요. 먹고 마시는 기본적인 일에도 큰 불편함이 따랐을 거예요.

그런데 이스라엘 백성들에게 깜짝 놀랄 만한 일이 일어났어요. 하나님이 그들보다 앞서 가시며 그들을 인도하셨던 거예요. 하나님은 낮에는 구름 기둥으로, 밤에는 불 기둥으로 그들을 인도하셨어요(출 13:21). 이스라엘 백성들은 하나님이 인도하시는 대로 따라가기만 하면 되었어요.

그런데 문제가 생겼어요. 이스라엘 백성들이 떠나가도록 허락했던 파라오가 곧 마음을 바꿨기 때문이에요. 파라오와 그의 신하들은 "우리가 어찌 이같이 하여 이스라엘을 우리를 섬김에서 놓아 보내었는가"(출 14:5) 하며 이스라엘을 내보낸 일을 후회했어요.

파라오는 큰 군대와 함께 이스라엘 백성들을 맹렬히 뒤쫓기 시작했어요. 그런데 이집트 군대가 거의 추격했을 때 이스라엘 백성들 앞에서 그들을 가로막고 있는 것이 있었어요. 바로 홍해 바다였어요. 앞은 홍해로, 뒤는 이집트 군대로 가로막힌 이스라엘 백성들은 하나님께 큰소리로 부르짖었어요. 이때 하나님은 모세에게 "지팡이를 들고 손을 바다 위로 내밀어 그것이 갈라지게 하라 이스라엘 자손이 바다 가운데서 마른 땅으로 행하리라"(출 14:16)라고 말씀하셨어요.

모세가 하나님의 말씀에 순종하자 큰 바람이 불기 시작했어요. 큰 바람에 의해 바다가 갈라지고 마른 땅이 드러났어요. 하나님은 이스라엘 백성들이 홍해를 건널 수 있도록 기적을 베푸셨어요. 이스라엘 백성들은 홍해를 모두 안전하게 건너갈 수 있었어요.

이스라엘 백성들이 홍해를 건넌 후, 하나님의 말씀대로 모세가 손을 들어 바다를 가리켰어요. 그러자 바닷물이 다시 모여들었고 결국 이스라엘 백성들을 추격하기 위해 뒤쫓아 바다로 들어온 이집트 군대는 모두 바다에 빠져 죽고 말았어요(출 14:29). 능력의 하나님이 이스라엘 백성들을 인도해 내셨어요.

이렇게 홍해를 기적적으로 건너간 이스라엘 백성들은 하나님이 약속하신 땅을 향하여 계속 나아

갔어요. 그런데 길을 가던 도중에 그만 먹을 것이 떨어져버렸어요. 이스라엘 백성들은 먹을 것이 떨어졌다고 불평했지만 하나님은 아침에는 만나(출 16:31)를, 저녁에는 메추라기(출 16:13)를 보내셔서 그들에게 먹을 것을 공급해 주셨어요.

그뿐 아니라 이스라엘 백성들이 약속의 땅을 향해 가는 동안, 하나님은 반석에서 물이 나오게 해서 목마름을 해결해 주셨어요. 하나님은 그들이 광야를 지날 때, 추위와 모든 들짐승의 공격으로부터 이스라엘 백성들을 지켜주셨어요. 능력의 하나님이 이스라엘 백성들을 친히 인도하셨어요.

여러분, 하나님은 이스라엘 백성들을 하나님의 능력으로 구원하셨어요. 그리고 그들이 광야를 지나는 동안, 구름 기둥과 불 기둥으로 친히 인도하셨어요. 능력의 하나님이 예수님을 믿는 우리도 인도하고 계세요. 이스라엘 백성들이 경험한 것처럼 하늘에서 만나와 메추라기가 내려오진 않아도, 하나님은 교회를 통해서, 부모님을 통해서, 선생님을 통해서 능력으로 우리를 이끌고 계세요.

오늘 말씀을 통해 하나님은 우리에게 이렇게 말씀하세요. **"하나님의 능력으로 인도하심을 믿으라!"** 능력이 많으신 하나님이 우리를 이끌고 계심을 믿는 저와 여러분이 되길 바라요.

출애굽기 19:1-8

| 제 목 | **거룩한 백성으로!** |
| 포인트 | **거룩한 백성으로 살라!** |

참고 자료

1. '예수빌리지 구약 1' 학령기 22과의 성경 이야기 그림이 사용되었습니다.
2. 큐알 코드를 인식하면, **'도입 PPT'**를 내려받을 수 있습니다.

TIP. 설교문의 ▶ 표시된 곳에서 엔터키를 누르면 애니메이션 효과가 나타납니다.

여러분, 아이스하키에 대해 잘 알고 있나요? 지금부터 짧은 아이스하키 경기 영상을 보려고 해요. ('존 스캇'을 보여주며) 이 영상에는 ▶ '존 스캇'이라는 아이스하키 선

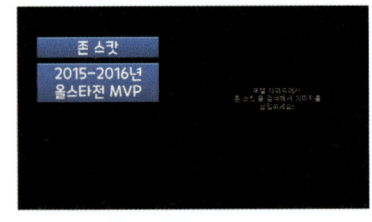

수가 등장해요. 그는 팬들의 인기투표와 감독의 추천으로 ▶ 2015-2016년 NHL 올스타전 MVP로 뽑혔던 사람이에요. ▶ 이 선수의 영상을 한번 같이 볼까요? (인터넷에서 'John Scott vs Shawn Thornton fight'을 검색하여 영상을 시청한다.)

('존 스캇'을 다시 보여주며) 영상을 보니 어떤가요? 올스타전 MVP라서 뛰어난 아이스하키 실력을 보여줄 거라고 생각했는데, 싸움 영상이 나와서 당황스러웠나요? 영

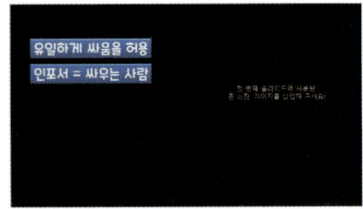

상에서 아이스하키 경기 중에 두 선수가 싸울 때 심판이 말렸나요? 그러지 않았어요. 모든 스포츠에서 경기 중에 싸움이 일어나면 어떻게 될까요? 즉시 퇴장을 당하거나 제지를 당하고, 벌금을 내거나 출전이 금지되는 징계를 받기도 해요. 그런데 아이스하키는 ▶ 유일하게 싸움이 허용된 스포츠이지요.

아이스하키는 다른 스포츠와 큰 차이가 있는데, 그것은 ▶ '인포서'라는 역할을 가진 선수가 있다는 거예요. 인포서는 팀과 팀원을 보호하기 위해서 '싸우는 사람'이라고 할 수 있어요. 게임이 잘 풀리지 않아서 분위기를 전환하거나 같은 팀 선수가 상대방 선수에게 심한 파울을 당할 때, 인포서가 상대 팀 선수와 싸움을 해요. MVP로 뽑힌 존 스캇이 바로 그런 인포서였어요.

존 스캇은 키가 203센티미터이고 몸무게가 118킬로그램인데, 처음에는 덩치만 크고 느리다는 평가를 받았어요. 그래서 최고의 아이스하키 리그에 진출하는 건 꿈도 꾸지 못했어요. 그런데 그는 자신이 상대팀의 거친 선수들을 제압하면, 같은 팀 선수가 안심하고 경기를 할 수 있다는 것을 알고는 수비수에서 인포서로 역할을 바꿨어요.

비록 스케이트를 타는 실력이나 스틱을 다루는 기술은 다른 선수들에 비해 부족했지만, 그는 동료들을 보호하고 팀의 분위기를 바꿀 수 있는 능력을 지니고 있었어요. 그래서 여덟 시즌 연속 세계 최고 리그인 NHL에서 뛰었고, 올스타전에도 참여하여 MVP까지 수상하게 되었지요.

('아이스하키 경기 사진'을 보여주며)
그런데 흥미로운 사실은 아이스하키 경기 중에 벌이는 이 싸움에도 나름의 규칙이 있다는 거예요.

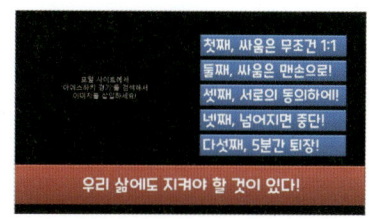

▶ 첫째, 싸움은 무조건 일대일이다. 여러 명이 싸우려고 해도, 각각 일대일로 싸워야 한다.
▶ 둘째, 맨손으로 싸운다. 스틱과 글러브는 싸우기 전에 내려놓는다.
▶ 셋째, 싸움은 서로의 동의하에 이루어진다. 싸울 의도가 없거나, 상대 선수가 다른 곳을 보면 싸우지 않는다.
▶ 넷째, 싸우는 도중 상대 선수가 넘어지면 주먹을 휘두르지 않는다.
▶ 다섯째, 싸움이 시작되어도 심판이 제지하지 않는다. 어느 한쪽이 빙판에 나가떨어지거나 지친 기색을 보이면 싸움을 말린다. 싸운 선수들은 5분간 퇴장당한다.

경기 중에 싸우는 것도 신기한데 그 싸움에도 규칙이 있다는 점이 재미있어요. 아이스하키뿐 아니라 모든 스포츠에는 지켜야 할 규칙이 있어요. 이렇게 정해놓은 규칙은 반드시 지켜져야 해요. 그런데 규칙은 스포츠에만 있는 것이 아니에요. ▶우리의 삶에도 지켜야 할 규칙들이 있어요. 예를 들어, 신호등 지시 따르기, 쓰레기를 함부로 버리지 않기와 같은 규칙들이 그렇지요.

그런데 예수님을 믿음으로 구원받은 우리도 하나님의 백성으로서 지켜야 할 것이 있어요. 그것이 무엇일까요? 그리고 이와 관련해서 우리가 기억해야 하는 진리는 무엇일까요? 이 질문에 대한 답을 오늘 말씀을 통해 살펴보기 원해요. 다 함께 출애굽기 19장 1-8절을 읽어 보아요.

하나님은 구름 기둥과 불 기둥으로 이스라엘 백성들을 지켜주시고, 그들 앞을 막고 있는 홍해 바다를 둘로 나누어 그들이 마른 땅을 건너게 하셨어요. 광야를 지나는 동안 먹을 것이 떨어졌을 때는, 만나와 메추라기를 보내셔서 백성들을 먹이셨어요. 하나님은 반석에서 물을 내심으로 그들에게 마실 물도 허락해 주셨어요. 하나님은 이렇게 자신의 능력으로 이스라엘 백성들을 인도하셨어요.

어느 덧 이스라엘 백성들이 이집트에서 탈출한 지 약 3개월이 지나, 시내산에 도착했어요. 하나님은 모세를 부르셔서 이스라엘 백성들이 제사장 나라와 거룩한 백성이 될 것이라고 말씀하셨어요.

하나님의 시작, 거룩한 백성

하나님은 이스라엘 백성들이 제사장 나라와 거룩한 백성이 되기를 원하셨어요. 하나님은 죄를 미워하고 싫어하시기 때문에, 사람에게 죄가 있으면 하나님과 사람 사이는 멀어질 수밖에 없어요. 제사장은 이렇게 죄로 인해 하나님과 사람이 멀어졌을 때 다시 가까워지도록 돕는 사람이었어요. 따라서 제사장 나라가 된다는 것은 하나님과 다른 사람들이 가까워지도록 이스라엘이 도와주는 나라가 된다는 뜻이에요. 또 거룩한 백성이 된다는 것은 다른 사람들과는 구별된 삶을 살게 된다는 뜻이에요.

하나님은 이스라엘 백성들이 어떻게 하나님이 기대하시는 구별된 백성으로 살 수 있는지 그 방법을 알려주셨어요. 바로 율법과 십계명이 그것이에요. 하나님은 모세를 통해 이스라엘 백성들에게 율법과 십계명을 주셨어요. 하나님은 이스라엘 백성들이 율법과 십계명을 지킴으로써 하나님의 거룩한 백성이 될 것을 기대하셨어요.

십계명은 크게 두 가지 내용으로 구분할 수 있어요. 1-4계명은 하나님과 관련된 계명이고, 5-10계명은 사람과 관련된 계명이에요. 1-4계명은 한마디로 "하나님만 사랑하라!"라고 요약할 수 있어요. 5-10계명은 "이웃을 사랑하라!"라고 요약할 수 있지요. 하나님은 이스라엘 백성들이 계명들을 따르고 지키면서 거룩하게 살기 원하셨어요.

하나님은 예수님을 믿음으로 구원받은 우리도 거룩하게 살기를 원하세요. 하나님의 말씀을 지킴으로써, 즉 하나님을 사랑하고 이웃을 사랑하며 다른 사람들과는 구별된 삶을 살기를 바라세요. 예수님을 믿지 않는 사람들과는 다르게 우리가 하나님만을 사랑하고 이웃을 소중하게 생각하며 살기를 기대하고 계세요.

하나님은 오늘 말씀을 통해 우리에게 이렇게 말씀하세요. **"거룩한 백성으로 살라!"** 하나님의 사람인 우리는 말씀을 지키기 위해 힘써야 해요. 그렇게 하나님의 백성다운 거룩한 삶을 살아야 해요. 이 진리를 기억하며 하나님의 말씀을 따라 구별되게 살기를 결단하는 모두가 되길 기도해요. ●

출애굽기 25:8-9

| 제 목 | 하나님과 만나는 곳이 필요해요
| 포인트 | 하나님이 나와 함께하심을 알라!

참고 자료

1. '**예수빌리지 구약 1**' 학령기 23과의 성경 이야기 그림이 사용되었습니다.
2. 큐알 코드를 인식하면, '**도입 PPT**'를 내려받을 수 있습니다.

TIP. 설교문의 ▶ 표시된 곳에서 엔터키를 누르면 애니메이션 효과가 나타납니다.

혹시 '자금성'이라는 이름을 들어 본 적이 있는 사람은 고개를 끄덕여볼까요? 어쩌면 여러분의 집 근처에서 자주 보는 음식점의 이름이 자금성일 수도 있어요. ('자금성'을 보여주며) 그런데 지금 말하려고 하는 것은 ▶ 중국 북경의 오래된 궁궐인 자금성이에요.

자금성은 중국 명나라 때 건설되었어요. ▶ 명나라의 3대 황제인 영락제가 수도를 남경에서 북경으로 옮기면서, 자신의 안전과 왕권을 강화하기 위해 지은 곳이지요. 자금성은 1421년 영락제가 처음으로 살기 시작해서 1924년 선통제가 쫓겨날 때까지, ▶ 약 500년 동안 명나라와 청나라의 스물네 명의 황제가 살았던 궁전이에요.

자금성의 규모는 축구장 72개를 합쳐놓은 것만큼 정말 어마어마해요. ▶ 성은 980개의 건물들로 이루어졌고, 그 안에 8,700여 개의 방이 있어요. 이 엄청난 크기의 성을 ▶ 다 건설하기까지 14년이 걸렸어요. 이 기간에 ▶ 약 10만 명이 넘는 장인들과, 100만 명이 넘는 사람들이 자금성을 짓기 위해 동원되었어요.

자금성을 만들 때 사용된 돌 가운데 가장 무거운 것은 약 200톤가량이었는데, 당시의 기술력으로는 이 돌을 옮기는 게 어려웠어요. 그래서 이 돌을 옮기기 위해 돌을 캐낸 곳에서부터 자금성까지 일정한 간격으로 우물을 팠어요. 그리고 겨울이 되면 우물물을 길에 뿌려 빙판을 만들어서 이 엄청난 크기의 돌을 옮겼어요. 궁전을 짓기 위해 많은 사람의 희생과 노력이 들어갔던 것이죠.

('자금성의 길'을 보여주며) 자금성에는 몇 가지 특징이 있어요. ▶ 첫째, 성 안에 나무가 거의 없어요. 북쪽의 신무문과 어화원에는 나무가 있지만 그곳을 제외하고는 나무  를 찾아보기 어려워요. 나무가 있으면 황제를 암살하려는 자객이 몸을 숨길 수 있었기 때문이에요. ▶ 둘째, 자금성 주변에는 '해자'가 있어요. 해자란 적의 침입을 막기 위해 성 주위를 파서 연못같이 만들어 놓은 곳을 말해요. 이 해자 때문에 자금성에 들어가려면 성과 연결된 네 개의 다리를 통해서만 이동해야 했어요. ▶ 셋째, 자금성 안으로 들어가는 문마다 다섯 개의 출입구가 있는데, 가운데 출입구는 황제만 다녀야 했어요. 단, 국가시험에서 1, 2, 3등을 한 사람이나 황제와 결혼하기 위해 들어오는 여인은 딱 한 번 황제 전용 출입구를 사용할 수 있었어요.

지금 말한 자금성의 특징들은 모두 황제와 관련되어 있어요. 자금성의 '금'이 한자로 '금하다'라는 뜻인 것처럼, ▶ 황제의 허락 없이는 누구도 궁에 출입할 수 없었어요. 그만큼 황제의 힘과 지위는 매우 강력했어요.

또 황제는 '태화전'이라는 곳에서 국가의 큰 행사나 일을 처리했는데, 이곳에 가려면 여러 개의 문을 통과해야만 했어요. 이 문들을 지나야만 비로소 황제를 만날 수 있었어요. 그러다 보니 ▶ 황제와 일반 백성들 사이의 거리감이 매우 컸어요.

세상의 왕이나 황제도 이렇게 백성들과 거리가 멀었는데, 하물며 이 세상을 창조하신 하나님과 우리 사이는 어떨까요? 하나님은 세상의

왕이나 황제와는 비교할 수 없을 만큼 크신 분이라, 우리가 쉽게 다가갈 수 없는 분일까요? 온 우주를 창조하신 하나님은 우리와 함께하실 수 없는 분일까요? 이 질문에 대한 답을 오늘 말씀을 통해 살펴보기 원해요. 다 같이 출애굽기 25장 8-9절을 함께 읽어보아요.

하나님과 이스라엘 백성들은 시내산에서 언약, 즉 약속을 맺었어요. 하나님은 이스라엘의 하나님이 되셔서 그들을 지키시겠다고 약속하셨어요. 그리고 이스라엘 백성들은 하나님이 자신들에게 기대하시는 것처럼 제사장 나라와 거룩한 백성으로 살겠다고 다짐했어요.

비록 이스라엘이 하나님의 백성이 되었지만, 그들이 하나님을 만난다는 것은 여전히 두려운 일이었어요. 왜 그랬을까요? 하나님은 죄가 없으신 분이고, 죄가 있으면 반드시 심판하시는 분이기 때문이에요. 그래서 하나님께 나아가려면 죄가 없어야 했어요. 이스라엘 백성들은 하나님께 나아가는 것이 두려울 수밖에 없었어요.

하지만 하나님은 이스라엘 백성들을 만나기 원하셨어요. 하나님은 그들을 사랑하셨고, 그들과 함께 교제하고 싶으셨어요. 그래서 백성들과 함께할 수 있도록 거룩한 성소를 지으라고 모세에게 명령하셨어요.

하나님은 이스라엘 백성들이 성소, 즉 성막을 만들면 그들과 함께 살겠다고 말씀하셨어요. 우리의 머리로는 다 이해할 수 없지만 하나님은 세상 어디에든 계세요. 하나님은 계시지 않은 곳이 없고, 모르시는 것도 없고, 못하시는 것도 없는 분이에요. 그런데 그런 하나님이 성막에 머무시면서 그들과 함께하시겠다고 말씀하신 거예요. 이것은 아주 놀라운 일이에요.

하나님은 사랑하는 백성을 만나길 원하셨고, 그래서 성막을 짓게 하셨어요. 성막은 하나님과 하나님의 백성이 만나는 특별한 장소예요. 그래서 하나님은 성막을 짓  는 방법을 이스라엘 백성들에게 자세하게 알려주셨어요. 이스라엘 백성들은 하나님이 알려주신 대로 성막을 지어야 했어요.

이스라엘 백성들은 성막을 짓기 위해 자신들이 가진 것들을 드렸어요. 그들은 각자 가진 소중한 물건을 아까워하지 않고 하나님께 가져왔어요. 그리고 그들이 드린  것들은 성막을 만드는 재료로 사용되었어요. 백성들이 가져온 예물이 너무 많아 더 이상 받을 수 없을 정도로 많은 사람이 기쁘게 예물을 드렸어요. 성막을 짓는 일은 매우 어려웠는데, 하나님은 몇몇 사람들에게 특별한 재능을 주셔서 그들이 성막을 지을 수 있도록 하셨어요.

성막은 조립식으로 만들어졌기 때문에 이스라엘 백성들은 가나안 땅을 향해 갈 때 성막과 함께 이동할 수 있었어요. 그리고 성막은 항상 이스라엘 백성들이 머무는 곳의 한가운데에 설치되었어요. 왜 성막이 백성들이 있는 곳 한가운데에 설치되었을까요? 성막이 한가운데에 있을 때 백성들이 보기 편한 것처럼, 그들이 하나님을 잘 보게 하기 위해서였어요. 또한 하나님이 자신의 백성들과 함께하기 원하신다는 것을 보여주기 위함이었어요.

마침내 성막이 완성되었어요. 그런데 성막이 완성되는 날, 놀라운 일이 일어났어요. 구름이 성막을 가득 덮었던 거예요. 이렇게 놀라운 광경이 나타난 이유는 하나님  이 성막에 함께하시면서, 그곳에 하나님의 영광이 가득 찼기 때문이었어요. 이제 이스라엘 백성들은 성막에서 하나님을 만날 수 있게 되었어요. 그들은 하나님과 가까이에서 함께 지내며, 그분과 교제하고 하나님을 예배할 수 있게 되었어요.

온 세상을 창조하신 하나님은 자신의 백성과 함께하기를 원하시는 분이세요. 그분은 우리와 교제하기를 원하시고, 우리와 함께 있고 싶어 하세요. 하나님은 오늘 말씀을 통해 우리에게 이렇게 말씀하고 계세요. **"하나님이 나와 함께하심을 알라!"**

이스라엘 백성들을 사랑하신 하나님은, 예수님을 믿음으로 하나님의 자녀가 된 우리도 동일하게 사랑하세요. 그리고 사랑하는 이스라엘 백성들과 함께하길 원하셨던 것처럼, 우리와도 항상 함께하길 원하세요. 나와 함께하시는 하나님을 믿고, 날마다 그분과 교제하며 살아가는 저와 여러분이 되길 기도해요. ●

레위기 19:2

| 제 목 | 죄를 어떻게 해결하지?
| 포인트 | 예수님을 통해 거룩한 백성이 됨을 믿으라!

1. '예수빌리지 구약 1' 학령기 24과의 성경 이야기 그림이 사용되었습니다.
2. 큐알 코드를 인식하면, **'도입 PPT'**를 내려받을 수 있습니다.

TIP. 설교문의 ▶ 표시된 곳에서 엔터키를 누르면 애니메이션 효과가 나타납니다.

참고 자료

('스타벅스 로고'를 보여주며) 여러분, 혹시 이런 로고를 본 적이 있나요? (대답을 들은 후) 그래요. ▶ '스타벅스'라는 커피 회사의 로고예요. 이 로고에는 한 여인의 모습이  나타나 있어요. 바로 ▶ '사이렌' 또는 '세이렌'이라고 부르는 캐릭터이지요. ▶ 그리스 신화에 등장하는 사이렌은 아름다운 여성의 얼굴에 독수리의 몸을 가지고 있어요. 사이렌이 처음 신화에 나왔을 때에는 반은 사람이고 반은 독수리인 모습이었지만, 바다 근처에 살아서인지 시간이 지나면서 몸이 인어의 모습으로 바뀌었지요.

('오디세이아'를 보여주며) ▶ 호머가 쓴 <오디세이아>라는 소설에도 사이렌의 이야기가 등장해요. 사이렌은 지중해의 어느 해안 근처에 살고 있었는데, 근처에 배가 지  나가면 배를 향해 아름다운 목소리로 노래를 불렀어요. ▶ 사이렌의 노랫소리가 얼마나 아름다운지 매력적인 소리를 들은 사람들은 정신을 빼앗겨버리고 말았어요. 그래서 배들이 원래 가려던 뱃길을 벗어나 암초에 부딪치곤 했어요. 또 노랫소리에 정신을 잃은 사람들은 자신도 모르게 바다에 뛰어들기도 했어요. 그러면 사이렌이 암초 사이에서 갑자기 나타나 부서진 배의 선원들을 잡아먹었다고 해요.

<오디세이아>의 주인공인 오디세우스는 이 이야기를 이미 들었기 때문에 사이렌이 위험하다는 사실을 알고 있었어요. 하지만 사이렌의 노랫소리를 직접 들어보고 싶었어요. 어느 날, ▶ 오디세우스는 고향으로 돌아가는 길에 사이렌이 살고 있는 섬을 지나게 되었어요. 사

레위기 19:2

이렌의 노래를 듣고 싶었던 그는 배 안의 선원들이 노랫소리를 듣지 못하도록 그들의 귀를 밀랍으로 막았어요. 그리고 ▶ 자신의 몸을 돛대에 줄로 단단히 묶고는, ▶ 선원들에게 자신을 절대로 풀어주지 말라고 명령하고 그 섬을 지나가기로 했어요.

드디어 사이렌이 사는 섬 주변에 배가 접근하자 사이렌의 노랫소리가 들려왔어요. 선원들은 아무런 소리도 듣지 못했기 때문에 어떠한 반응도 없었지만, 오디세우스는 노랫소리로 인해 돛대에서 벗어나려고 발버둥 쳤어요. 그러나 선원들이 돛대에서 그를 풀어주지 않았기 때문에 무사히 그곳을 지나갈 수 있었어요. 비록 소설 속의 이야기지만, ▶ 사이렌의 달콤한 노랫소리에 빠져 정신을 잃으면 잡아먹힌다는 내용이 끔찍하게 느껴져요.

살다 보면 우리에게도 사이렌의 노랫소리처럼 나를 달콤하게 유혹하는 소리가 들릴 때가 있어요. 절대로 후회하지 않는다며 딱 한 번만 해보라고 유혹하거나, 다른 곳에서는 경험할 수 없는 즐거움을 주겠다며 우리를 유혹하기도 해요. 바로 '죄'가 이렇게 우리를 늘 유혹하고 있어요.

하지만 죄의 유혹에 빠져 죄를 짓게 되면 우리는 하나님과 멀어지게 돼요. 죄가 주는 즐거움에 빠져들면 빠져들수록 참된 기쁨으로부터 멀어져요. 그래서 우리는 죄의 문제를 해결해야만 해요. 그렇다면 어떻게 우리는 죄의 문제를 해결하고 하나님의 거룩한 백성이 될 수 있을까요? 이 질문에 대한 답을 오늘 말씀을 통해 살펴보기로 해요. 레위기 19장 2절을 다 같이 읽어보아요.

하나님은 이스라엘 백성들과 함께하기를 원하셨어요. 그래서 모세에게 성막을 지으라고 말씀하셨어요. 이스라엘 백성들은 성막을 짓기 위해 자신이 가진 것들을 가져왔어요. 자신에게 소중한 물건이었지만 하나님과 만나는 성막을 짓기 위해서 기쁜 마음으로 드렸어요. 그리고 마침내 성막이 완성되자 이스라엘 백성들은 성막에서 하나님을 만날 수 있었어요.

하나님은 모세를 통해 이렇게 말씀하셨어요. "너는 이스라엘 자손의 온 회중에게 말하여 이르라 너희는 거룩하라 이는 나 여호와 너희 하나님이 거룩함이니라"(레 19:2).

여러분, '거룩하다'는 말이 무슨 뜻일까요? 거룩하다는 것은 다른 말로 '구별되었다'는 뜻으로, 죄가 없이 깨끗하다는 것을 의미해요. 하나님은 우리가 거룩하기를 원하세요. 그런데 죄를 지은 인간은 거룩할 수 없어요. 죄를 깨끗하게 씻어야 거룩해질 수 있고, 하나님께 나아갈 수 있어요. 그런데 사람은 스스로 죄를 깨끗하게 할 수 없지요.

그래서 하나님은 이스라엘 백성들이 죄를 깨끗하게 할 수 있는 방법을 가르쳐주셨어요. 바로 '제사'였어요. 이스라엘 백성들은 소나 양을 잡아서 희생 제물로 드리는

제사를 통해 그들의 죄를 깨끗하게 씻을 수 있었어요. 그들은 자신들의 죄를 제물에 옮긴 뒤, 그 제물로 희생 제사를 드렸어요. 그러면 그

들의 죄가 깨끗해졌어요. 이렇게 제사로 죄의 문제가 해결되고 거룩해져서 이스라엘 백성들은 하나님께 나아갈 수 있었어요.

그런데 구약 시대에 살았던 사람들만 죄가 있을까요? (대답을 들은 후) 그렇지 않아요. 우리에게도 똑같이 죄가 있어요. 그래서 우리도 하나님께 나아가려면 죄의 문제를 해결해야 해요. 하나님은 구약 시대의 사람들만 거룩하게 살기를 원하지 않으셨어요. 우리도 하나님 앞에서 거룩한 삶을 살길 바라세요. 그렇다면 어떻게 죄를 씻고 거룩해질 수 있을까요?

우리가 죄를 깨끗하게 할 수 있는 유일한 방법은 예수님뿐이에요. 우리의 죄를 위해서 십자가에서 죽으신 예수님을 믿는 것 외에 우리가 죄로부터 깨끗해질 수 있는  방법은 없어요. 히브리서 10장 10절 말씀을 같이 읽어보아요. "이 뜻을 따라 예수 그리스도의 몸을 단번에 드리심으로 말미암아 우리가 거룩함을 얻었노라." 이 말씀처럼 우리의 죄는 예수님을 통해서만 깨끗해질 수 있어요.

여러분, 하나님은 우리가 거룩한 백성이 되기를 원하고 계세요. 우리는 어떻게 거룩한 백성이 될 수 있을까요? 하나님은 오늘 말씀을 통해 우리에게 이렇게 말씀하세요. **"예수님을 통해 거룩한 백성이 됨을 믿으라!"**

우리는 하나님의 아들이신 예수님을 믿음으로 죄에서 깨끗해질 수 있어요. 우리는 예수님을 통해서만 거룩해질 수 있어요. 여러분의 마음속에 예수님이 계시나요? 내 안에 사시는 예수님을 통해 우리가 거룩한 백성이 됨을 기억하는 저와 여러분이 되길 기도해요. ●

마태복음 26:36-39

| 제 목 | 왜 고난당하셨을까?
| 포인트 | 예수님이 죽으심으로 우리의 죄를 용서받았음을 알라!

1. <예수빌리지 절기> 학령기 고난 주일의 성경 이야기 그림이 사용되었습니다.
2. 큐알 코드를 인식하면, '도입 PPT'를 내려받을 수 있습니다.

TIP. 설교문의 ▶ 표시된 곳에서 엔터키를 누르면 애니메이션 효과가 나타납니다.

참고 자료

('아우슈비츠 포로수용소 ①'을 보여 주며) 여러분, ▶ '아우슈비츠 포로수용소'에 대해 들어본 적이 있나요? 이곳은 제2차 세계 대전 중, ▶ 독일이 폴란드 남부에 만든 포로수용소예요. 그 당시 독일은 유럽 각지에서 포로를 잡아 아우슈비츠에 데려왔는데, 대부분이 유대인들이었어요. 포로수용소에서 유대인들은 마실 물이나 음식을 제대로 공급받지 못했고, ▶ 안타깝게도 많은 유대인이 이곳에서 목숨을 잃었어요. 수용소 주위는 고전압 전류가 흐르는 이중 가시 철조망으로 둘러싸여 있었는데, 수용소 생활이 얼마나 힘들었는지 철조망을 붙들고 스스로 목숨을 끊는 사람도 있었어요.

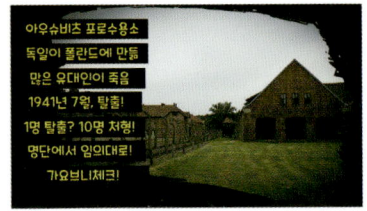

그런데 ▶ 1941년 7월, 아우슈비츠에서 한 사람이 탈출했어요. 탈출한 사람이 생길 때마다 아우슈비츠에서 해온 것이 있었는데, ▶ 한 명이 도망치면 남아 있는 사람들 가운데 열 명을 죽이는 일이었어요. 아우슈비츠 소장이 남아 있는 사람들 중에서 ▶ 열 명의 이름을 임의로 부르면, 이름이 불린 사람들은 지하실에서 죽어갔어요.

이번에도 예외는 아니었고, 수용소 소장은 열 명을 선택하기 위해 모든 포로를 모이게 했어요. 소장은 한 명씩 이름을 부르기 시작했어요. 그때 사람들의 마음이 어땠을까요? 자신의 이름이 불릴까봐 모두가 가슴을 졸였을 거예요. 이름이 불린 사람은 죽음의 절망과 두려움에 사로잡히고, 이름이 불리지 않은 사람은 안도의 한숨을 쉬었겠지요.

아홉 번째 이름이 불리고 마침내 소장이 마지막 열 번째 이름을 불렀어요. 마지막으로 이름이 불린 사람은 ▶ '가요브니체크'라는 사람이었어요. 그는 자신의 이름이 불리자 털썩 주저앉아 "내 아내와 아이들은!"이라고 외치며 좌절했어요.

('아우슈비츠 포로수용소 ②'를 보여주며) 그런데 그런 가요브니체크를 유심히 본 한 사람이 있었어요. 그는 ▶'콜베'라는 신부로, 아우슈비츠의 성자라고 불릴 정도로 사람
들을 위로하고 격려하던 사람이었어요. 콜베 신부는 수용소의 소장에게 이렇게 말했어요. "부탁이 있습니다. 제가 가요브니체크 대신 죽겠습니다. 저는 신부이기 때문에 아내도 없고, 자식도 없습니다. ▶저는 이제 늙었고, 일하는 데는 저보다 저 사람이 더 나을 겁니다."

아우슈비츠 소장은 그 제안을 받아들였어요. 그래서 가요브니체크 대신에 콜베 신부가 나머지 아홉 명과 함께 지하실로 끌려갔어요. 그로부터 3일 뒤 열 명 중에 한 명이 숨졌고, 2주 뒤에는 먹을 것과 마실 것을 제대로 섭취하지 못해서 다섯 명이 목숨을 잃었어요. 콜베 신부를 포함한 네 명이 살아남았지만, 독일군은 약이 든 해충약을 그들의 몸에 주사했고 결국 콜베 신부는 세상을 떠났어요.

콜베 신부의 도움으로 ▶생명을 얻게 된 가요브니체크는, 제2차 세계 대전이 끝나면서 수용소에서 풀려났어요. 그는 해마다 콜베 신부가 숨진 8월 14일이 되면, 자기 대신에 목숨을 내어놓은 콜베 신부를 기리며 아우슈비츠를 방문했어요.

여러분, ▶ 누군가가 나를 위해서 대신 죽는 일이 흔히 일어나는 일일까요? (대답을 들은 후) 그렇지 않아요. 이런 일은 가족 사이에서도 쉽게 일어나는 일이 아니에요. 그런데 놀랍게도 우리에게 이런 일이 일어났어요. 바로 예수님이 우리를 위해서 십자가에서 죽으신 사건이에요. 물론 예수님의 죽음은 콜베 신부의 죽음과는 달라요. 콜베 신부는 한 사람을 위해 대신 죽은 것이지만, 예수님은 한 사람이 아닌 모든 사람을 위해서 죽으셨기 때문이에요.

예수님의 죽음과 관련해서 우리가 꼭 기억해야 할 진리가 있어요. 그것이 무엇인지 오늘 말씀을 통해 살펴보기를 원해요. 다 같이 마태복음 26장 36-39절 말씀을 읽어보아요.

오늘 말씀에는 예수님이 제자들과 최후의 만찬을 가지신 후, 겟세마네 동산에 기도하러 가셨을 때의 장면이 나와요. 마태복음 26장 39절에는 예수님이 이때 기도하신 내용이 기록되어 있어요. "내 아버지여 만일 할 만하시거든 이 잔을 내게서 지나가게 하옵소서 그러나 나의 원대로 마시옵고 아버지의 원대로 하옵소서 하시고."

예수님은 자신이 십자가에 달려 죽으실 것을 아셨어요. 십자가에 달리는 일은 너무나 고통스러웠기 때문에, 예수님은 만일 가능하다면 피하고 싶다고 하나님께 솔직하게 아뢰었어요. 하지만 예수님은 자신이 원하는 대로가 아닌 하나님 아버지가 원하시는 대로 되기를 원한다고 기도하셨어요.

여러분, 왜 예수님이 십자가에서 죽으셨나요? 예수님의 죄 때문인가요? 그렇지 않아요. 예수님은 죄가 없는 분이시지만, 죄인인 우리를 구원하시기 위해 세상의 모든 죄를 지고 십자가에서 죽으셔야 했어요. 왜냐하면 이것이 예수님이 이 땅에 오신 이유이기 때문이에요.

예수님이 기도를 마치고 돌아오셨을 때, 가룟 유다와 함께 많은 군인이 예수님을 체포하러 왔어요. 예수님을 따르는 사람들이 많았기 때문에, 예수님을 체포하면 소란이 일어날까 봐 많은 군인이 왔던 거예요. 결국 가룟 유다의 배신으로 칼과 몽둥이를 가진 군인들이 예수님을 체포했어요. 이때 예수님의 제자들은 겁이 나서 도망쳐 버렸어요.

예수님은 이방인에게 세 번, 유대인에게 세 번, 총 여섯 번의 재판을 받으셨어요. 죽임을 당할 만한 죄가 없으셨지만 사람들은 예수님을 죄인으로 몰고 갔어요. 결국 예수님은 십자가에 달리셨어요.

십자가형은 당시 로마에서 가장 끔찍한 죄를 지은 사람에게 내리는 형벌이었어요. 하지만 사람들은 죄가 없으신 예수님이 십자가를 지시게 만들고 조롱했어요. 예수님의 머리에 가시관을 씌우고, 얼굴에 침을 뱉고, 주먹으로 예수님을 때리며 비웃었어요. 예수님은 사람들의 조롱 속에서도 힘겹게 십자가를 지고 골고다 언덕에 오르셨어요.

로마 군인들이 예수님을 십자가에 못 박자, 한낮인데도 해가 빛을 잃고 어둠이 온 땅을 덮었어요. 그렇

고난·부활

게 죄가 없으신 예수님은 우리를 위해 십자가에서 죽으셨어요. 이사야 53장 5절은 이렇게 말씀하고 있어요. "그가 찔림은 우리의 허물 때문이요 그가 상함은 우리의 죄악 때문이라 그가 징계를 받으므로 우리는 평화를 누리고 그가 채찍에 맞으므로 우리는 나음을 받았도다."

예수님이 우리의 모든 죄를 지시고 십자가에서 죽으셨기 때문에, 우리는 예수님을 믿으면 죄로부터 깨끗해질 수 있어요. 예수님이 십자가에서 죽으심으로 우리는 평화를 누릴 수 있게 되었어요. 우리는 예수님을 통해 하나님께로 갈 수 있게 되었어요.

하나님은 오늘 말씀을 통해서 우리에게 이렇게 말씀하세요. **"예수님이 죽으심으로 우리의 죄를 용서받았음을 알라!"** 여러분, 이번 주간을 고난 주간이라고 해요. 예수님의 마지막 일주일을 기억하고, 예수님의 고난을 기억하는 의미에서 이번 주를 특별하게 보내길 바라요.

고난 주간에 어른들은 보통 예수님의 고난을 기억하기 위해서 금식을 하기도 하고, 자기가 좋아하는 드라마나 영화를 보지 않기도 해요. 여러분도 각자 할 수 있는 일을 찾아서 예수님의 고난을 기억하고 감사하는 시간을 보내면 좋겠어요. 예수님의 죽음으로 우리의 죄가 용서받았다는 진리가 한 주간 더욱 우리의 마음에 새겨지길 기도해요.

마태복음 28:1-2

| 제 목 | 리얼 부활
| 포인트 | 예수님이 실제로 부활하셨음을 믿으라!

1. <예수빌리지 절기> 학령기 부활 주일의 성경 이야기 그림이 사용되었습니다.
2. 큐알 코드를 인식하면, '도입 PPT'를 내려받을 수 있습니다.

TIP. 설교문의 표시된 곳에서 엔터키를 누르면 애니메이션 효과가 나타납니다.

참고 자료

여러분, 'CIA'에 대해 들어보았나요? 미국 중앙 정보국을 가리키는 CIA는 미국 대통령 직속 기관으로 전 세계의 국가 기밀을 수집해서 분석하고, 비밀 임무를 수행하는 기관이에요. 아마도 세계에서 일어나는 중요한 비밀들을 많이 아는 기관 중의 하나가 바로 CIA일 거예요.

('유리 겔러'를 보여주며) 이 CIA에서 1973년에 충격적인 내용을 발표했어요. ▶ '유리 겔러'라는 사람이 초능력을 가졌다는 정보였어요. 여러분, 유리 겔러에 대해 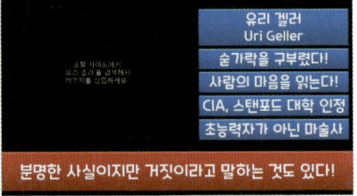 알고 있나요? 아마도 여러분은 들어본 적이 없겠지만 여러분의 부모님은 이 사람을 알고 계실 거예요. 인터넷에서 유리 겔러를 검색하면, 그와 관련된 다양한 영상을 볼 수 있어요.

그는 여러 가지 기이한 묘기들을 보여준 것으로 유명해요. ▶ 숟가락을 문질러서 구부러뜨리거나 부러뜨리기도 하고, ▶ 상대방의 마음을 읽을 수 있는 독심술을 보여주기도 했어요. 언젠가는 방송에 나와 독심술을 이용해서, 방송 진행자가 그린 그림과 비슷한 그림을 그려 사람들을 놀라게 했어요.

유리 겔러가 신기한 일들을 많이 일으키다 보니, ▶ CIA처럼 그를 정말 초능력자로 생각하는 사람들도 있었어요. 미국의 유명한 스탠퍼드 대학교의 연구소 역시 유리 겔러의 초능력에 대해 긍정적으로 생각했어요. 그가 좀 더 연구해 볼 만한 능력을 가졌다는 주장을 과학 학술지인 '네이처'에 싣기도 했었지요.

이렇게 신뢰할 만한 곳에서 유리 겔러가 초능력을 가졌다고 하니 많은 사람이 그 말을 믿었어요. 유리 겔러는 초능력자로 인정받았고, 여러 나라를 다니며 방송에 출연했어요. 1984년에는 우리나라에 와서 한 텔레비전 프로그램에 출연한 적도 있지요. 숟가락을 구부리고, 나침반 바늘을 움직이고, 씨앗의 싹을 틔우는 모습을 보여주기도 했어요.

그런데 제임스 랜디라는 사람이 유리 겔러가 숟가락을 구부린 것은 초능력 때문이 아니라, 형상 기억 합금으로 숟가락이 만들어졌기 때문이라고 주장했어요. 제임스 랜디의 주장은 재판으로 이어졌어요. 유리 겔러는 재판에서 자신의 초능력을 보여주지 못했고, 결국 자신은 초능력이 아니라 마술을 이용했다고 밝혔어요.

나중에 알고 보니 CIA가 유리 겔러를 직접 검증한 것이 아니라, CIA의 지원을 받은 한 민간 연구소가 그를 검증했다는 사실도 드러났어요. CIA는 이미 유리 겔러가 사기꾼인 것을 알고 있었어요. ▶ 유리 겔러는 초능력자가 아니라 사람들을 속인 마술사였어요.

사실 유리 겔러뿐 아니라 사람들을 속이는 사람들은 많아요. 진짜처럼 보여도, 실제로는 눈속임이나 그럴 듯한 거짓말인 경우가 있어요. 그런데 정반대로 ▶ 분명한 사실이지만 사람들이 거짓이라고 믿지 않는 경우도 있어요. 그중 하나가 바로 예수님의 부활 사건이에요.

('예수님'을 보여주며) 많은 사람이 ▶ 예수님의 부활을 거짓이라고 여겨요. 예를 들어, 어떤 사람은 ▶ 예수님의 제자들이 예수님의 시체를 훔쳐가서 숨기고 예수님이

고난·부활

부활하셨다고 거짓말했다고 생각해요. 또 실제로 많은 사람이 예수님이 죽으신 게 아니라고 말해요. ▶예수님이 큰 충격으로 잠시 정신을 잃고 서늘한 돌무덤 속에 계시다가, 나중에 정신이 들어 무덤에서 나오신 것이라며 부활을 인정하지 않아요.

상식적으로 죽은 사람은 절대로 다시 살아날 수 없기에, 예수님의 부활 사건을 믿지 않는 사람들이 많이 있어요. 그들은 예수님의 부활을 믿는 우리가 잘못된 것을 믿는다고 말하기도 해요. 이런 상황 속에서 우리가 기억해야 하는 진리는 무엇일까요? 오늘 말씀을 통해 살펴보기 원해요. 다 함께 마태복음 28장 1-2절을 읽어보아요.

예수님은 우리의 죄를 위해서 십자가에서 돌아가셨어요. 예수님이 십자가에 달려 돌아가시자, 아리마대 요셉은 빌라도를 찾아가 예수님의 시체를 달라고 요청했어요. 그는 예수님의 시체를 돌무덤에 장사지내고, 큰 돌로 무덤 입구를 막았어요.

대제사장과 바리새인들은 빌라도를 찾아가서, 예수님의 제자들이 예수님의 시체를 훔쳐갈지 모른다며 무덤 앞을 지켜달라고 요청했어요. 빌라도는 그들의 요청을 허락했고, 로마 경비병들이 예수님의 무덤을 지켰어요.

예수님이 십자가에서 죽으신 지 3일째 되었어요. 예수님이 금요일에 십자가에 달리셨으니까, 이날은 그때로부터 3일째 되는 날, 즉 주일이었어요. 주일 새벽에 막달라 마리아와 다른 마리아가 예수님의 무덤에 갔어요. 마가는 여인들이 예수님의 몸에 바를 향유를 샀다고 기록하고 있어요(막 16:1). 이스라엘은 날씨가 더운 지역이기 때문에, 하루만 지나도 돌무덤에 있는 시체가 썩어서 냄새가 심하게 나거든요. 예수님의 무덤을 찾은 여인들은 예수님의 몸도 썩어서 심하게 냄새가 날 것으로 생각했어요. 그래서 예수님의 몸에서 나는 악취를 없애기 위해 향유를 준비해서 무덤을 찾아갔던 거예요.

그런데 그때 흰옷을 입은 천사가 나타났고 땅에는 큰 지진이 일어났어요. 천사가 무덤 문을 막고 있던 돌을 굴려 치우고 그 위에 앉았어요. 이 광경을 본 로마 경비병들  은 너무나 두려운 나머지 죽은 사람처럼 되었어요(마 28:4).

천사는 그들에게 두려워하지 말라며 이렇게 말했어요. "그가 여기 계시지 않고 그가 말씀 하시던 대로 살아나셨느니라 와서 그가 누우셨던 곳을 보라"(마 28:6). 예수님의 무덤을 찾아온 사람들은 뜻밖에 천사를 만나 두려웠지만, 예수님이 부활하셨다는 말에 매우 기뻐했어요. 그리고 이 기쁜 소식을 제자들에게 전하기 위해 달려갔어요.

그때 누군가 여인들 앞에 나타났어요. 바로 예수님이었어요. 부활하신 예수님이 여인들을 직접 찾아오신 거예요. 예수님은 그들에게 제자들에게 가서 갈릴리로 갈  것을 전하라고 말씀하셨어요. 그리고 그곳에서 예수님을 만날 것이라고 알려주셨어요.

예수님이 부활하셨다는 이야기를 들은 열한 명의 제자들은 갈릴리로 가서 정말로 부활하신 예수님을 직접 만났어요. 그 후에도 예수님은 많은 사람에게 부활하신 모습을 보여주셨어요.

예수님의 부활을 처음으로 본 사람들은 오늘 본문에 나오는 막달라 마리아와 다른 마리아였어요. 예수님 당시에는 여성들의 증언을 받아들이지 않았어요. 그래서 만약 예수님의 무덤이 빈 사실을 다른 사람들이 믿게 하려고 했다면, 남자들이 예수님의 무덤을 보러 갔다고 했을 거예요. 하지만 성경은 예수님의 부활과 관련해서 거짓을 말하지 않고 있는 그대로 기록하고 있어요.

여러분, 예수님은 부활하셨어요. 많은 사람의 다양한 주장과 상관없이 예수님이 부활하신 사건은 사실이에요. 하나님은 오늘 말씀을 통해서 이렇게 말씀하세요. "예수님이 실제로 부활하셨음을 믿으라!"

우리는 성경에 기록된 대로 예수님이 우리를 위해서 죽으셨다가 3일 만에 다시 사신 사실을 믿어요. 우리를 위해서 십자가에서 죽으시고 부활하신 예수님을 끝까지 믿는 저와 여러분이 되길 기도해요.